SHAFIQUE KESHAVJEE

O REI, O SÁBIO E O BUFÃO

Uma fábula sobre Deus e as Religiões

Tradução de
Luciano Vieira Machado

NOVALEXANDRIA

Preparação de originais:
Rubens Nascimento
Revisão:
Priscila Ursula dos Santos
Carla de Mello Moreira
Sonia John Baptista
Editoração eletrônica:
Wander Camargo Silva
Projeto e ilustração da capa:
Miadaira
Lay-out da capa:
Antonio Kehl

ISBN 85-86075-49-3

Título original: *Le Roi, le Sage et le Boufon*
© *Copyright*: Éditions du Seuil, 1998
© *Copyright* desta edição: Editora Nova Alexandria, 1999

Todos os direitos reservados à
Editora Nova Alexandria Ltda.
Rua Dionísio da Costa, 141
04117-110 – São Paulo – SP
Caixa Postal 12.994
04010-970 – São Paulo – SP
Fone/Fax: (011) 571-5637 – 575-1809
E-mail: novaalexandria@telnet.com.br

SUMÁRIO

Num país distante 11
O Bufão 12
O Sábio 13
O Rei 14
O sonho 15
A preocupação 17
Convocação do "Grande Torneio das Religiões" 19
A escolha dos candidatos 20
Abertura dos jogos 22
Apresentação das provas 25

A exposição do ateu 26
Deus não existe 28
Confrontos 30
Um universo orientado 31
Deus maior 33
Controvérsias 36
A parábola de um jesuíta 38
Receber uma flor 40
A primeira noite 41

A exposição do budista 43
O fundador do budismo 45
Um texto fundador: as Quatro Verdades Nobres 46
Parábola budista 48
Confrontos 51
O Buda existe? 51
Deus existe? 53
A compaixão pelo humano 54
Atman ou *anatman* (Eu ou não-eu), eis a questão 57
Carta com ameaças 59

A exposição do hindu 62
A parábola dos dois pássaros 63
Fundamento do hinduísmo 64
Sofrimento e libertação 66
A prisão 68
Confrontos 69
Gurus e cangurus 71
Cara e coroa 72
A Verdade e o mundo em meio a tudo isso 74
A origem do mal 77
ANY-AYN 78
Amina 79
Consternação 83

A exposição do muçulmano 85
A vida do xeque 86
Beleza e Amor 87
O Enviado de Alá 90
Os pilares 92
Confrontos 94
Agulha ou tesoura? 95
O filho de Deus e Deus-Filho 96
Deus em tudo? 100
Uma religião de violência? 101
Um problema espinhoso 103
Uma religião uniformizante? 104
A confissão do rabino e o abraço do imã 106
A vigilância 108

A exposição do judeu 110
O Deus oculto 110
A bela Tora 111
O resumo do rabino 114
Diversidade e unidade dos judeus 115
As verdadeiras riquezas 117
Confrontos 117
A questão judaica 118
Israel ou Palestina, uma Terra com-prometida? 119

Rumo a um duplo reconhecimento? 121
Um Deus Pai e Mãe? 123
Um Deus que liberta e que ama 124
A investigação 127
Refeição no palácio 128

A exposição do cristão 130
Um caminho marcado pela cruz 130
O fundador do cristianismo 133
A graça e a fé 136
Uma orientação fundamental 137
Um quadro-resumo 138
A morte do Cristo em parábolas 140
Confrontos 142
A Bíblia e o Corão 142
Mestre e discípulos 146
Deus e o sofrimento 147
O único e o plural 148
O ataque do ateu 150
A última refeição 152

A arrancada final 154
O júri se pronuncia 158
Quando o Bufão se atrapalha 158
A síntese do Sábio 160
A decisão do Rei 162
Por mais uma carícia 165
Há uma justiça 166
A palavra final 169
Num país não muito distante 170

Anexos 174
Budismo 174
Hinduísmo 177
Islã 180
Judaísmo 183
Cristianismo 186
Quadro Sinótico das Religiões 190

Então, o Rei disse:
— Nobres delegados [...] Toda a sabedoria multicor da Terra está resumida em vossas pessoas. E pela primeira vez na humanidade, a quintessência dessas experiências e desses conhecimentos é reunida e oferecida com simplicidade aos outros...

O Rei de meu país pediu-me que escrevesse este livro para vocês. Na verdade, para vocês e para ele. Por quê? Porque acontecimentos inesperados perturbaram a vida de seu Reino e ele quis conhecer sua opinião de leitor ou leitora. Ao final do Torneio relatado neste livro, o Rei teve de tomar uma decisão importante. Mas ele desejou colher a opinião de seu povo e de todos os povos vizinhos que desejassem exprimir a sua. Todo jornal tem uma "seção do leitor"; o Rei sugeriu que escrevêssemos um "livro dos leitores" a partir dos seus comentários. Desde já agradecemos àqueles que os enviarem ao endereço que se encontra no fim do livro.

Sem mais delongas, quero lhes contar o que se passou em nosso Reino. Tudo começou, já há mais de um ano, como em uma fábula...

Num país distante

Em um país distante, vivia um povo pacífico. As ondas sujas e revoltas dos problemas do mundo só muito raramente vinham rebentar em suas belas praias quentes e acolhedoras. Isolados de tudo, e orgulhosos de sê-lo, seus habitantes dedicavam seu tempo ao trabalho e à família, ao lazer e aos amigos. Ora, a partir de uma certa época, alguma coisa indefinível havia mudado. As flores não tinham o mesmo perfume e o mel perdera a sua doçura. É verdade que as crianças continuavam a brincar nas ruelas ensolaradas, mas seu riso não tinha mais a mesma espontaneidade. A atmosfera tornara-se carregada, como se dominada por um ruído surdo que anuncia uma grande tempestade.

Nesse país vivia um Rei. Estimado por todos, ele se orgulhava de suas realizações. Todas as manhãs, punha-se na grande sacada do palácio e contemplava seu Reino. Era tomado, então, de uma profunda satisfação. Ao contrário de muitos governantes deste mundo, infelizmente mais preocupados em manter seus privilégios que em servir ao povo, o Rei era dotado de uma extrema sensibilidade. As mínimas variações de humor entre seus súditos sensibilizavam-no. Sentia na própria carne, de maneira confusa, a insatisfação que gangrenava suas relações, até as raízes, mas não percebia as suas causas.

Dentre todas as qualidades do Rei, a mais importante era sua capacidade de reconhecer os próprios limites. Em qualquer circunstância difícil, ele não hesitava em consultar aquele a quem todos chamavam o Sábio, uma figura ponderada cujos conselhos eram de ouro. O Rei era bastante prudente para reconhecer os limites da própria sabedoria e gostava também de ouvir aquele a quem chamava carinhosamente de Bufão. Admirado pelo povo por sua imprevisibilidade e temido por seu cinismo, esse personagem de tez muito corada vivia vestido de preto.

A história, pois, que lhes é contada, relata fielmente as espantosas aventuras do Rei, do Sábio e do Bufão. Quanto aos acontecimentos que nos interessam neste relato, começaram num mês de maio, numa banal noite de lua cheia...

O Bufão

O Bufão voltara cansado para casa. E com a barriga vazia. Seu humor estava ainda mais negro que suas roupas. Sua filosofia de vida era simples. Sem enfado nenhum, ele a repetia a todos que quisessem ouvi-lo. Ela se resumia em três palavras: comer, dormir e passear.

Ora, naquela noite ele comera muito mal, embora tivesse ido a um dos restaurantes mais conceituados do país.

— Que serviço lerdo, o desse restaurante! — reclamara ele.

Um pequeno sorriso malicioso se desenhou em seu rosto quando se lembrou do que respondera quando o chefe lhe perguntara alegremente, esperando um elogio: "Que tal achou a carne?" Ao que o Bufão respondera com ar indiferente: "Como achei a carne? Ora, por acaso, quando afastei as ervilhas..." Como os pratos de alguns grandes cozinheiros, os gracejos não alimentam um homem. Ele ainda estava faminto.

O Bufão não gostava de seu país. Ele via a quietude do povo como um sonífero que anestesiava insidiosamente suas potencialidades. Para deixar clara sua desaprovação, gostava de passear nas horas de maior movimento seguindo Heloísa, sua tartaruga. Ele ia então ao maior entroncamento da cidade e demorava às vezes mais de vinte minutos para atravessá-lo, em meio a um concerto de buzinas. "Vocês estão sempre em movimento, mas ninguém muda! Vocês andam por toda parte mas ninguém sabe aonde vai. Vocês andam cada vez mais rápido, mas ninguém vai para a frente. Comparada com vocês, minha Heloísa é Carl Lewis* em pessoa!" Apesar dos gritos de indignação e da fúria dos motoristas, o Bufão levava todo o tempo que fosse preciso para seguir Heloísa até o outro lado da rua. E, com toda a calma, ele meditava sobre o valor da lentidão em um mundo por demais agitado.

Há vários anos e bem antes dos outros, o Bufão pressentira a tempestade que estava por vir. Suas brincadeiras tinham como único objetivo chamar a atenção para isso. Mas, para quê? Nem ele mesmo sabia ao certo. Mas de qualquer forma sentia que a explosão estava próxima.

De mau humor, ele se deitou. E preparou-se para uma noite difícil...

O Sábio

O Sábio era um homem notável. Tinha passado por muitas dificuldades em sua juventude. Apesar disso, ou talvez por isso mesmo, desenvolvera uma personalidade rica e flexível, que lhe permitia enfrentar todas as situações da vida, mesmo as mais complexas. Depois de concluir brilhantemente seus estudos de filosofia e de física, ele se candidatara a um cargo de professor na Universidade. Por razões inteiramente obscuras, foi escolhido outro candidato.

"Uma porta se fecha, outra haverá de se abrir", dizia para si mesmo com uma confiança que chegava a surpreendê-lo. Aprendera a distinguir a tenacidade da obstinação: saber insistir e perseverar no momento certo, saber também recuar e renunciar quando fosse o caso. "A sabedoria", repetia consigo, "é deixar crescer o que nasce, saborear o que está maduro e deixar ir o que está morto."

---

*Carlton McKinley Lewis: atleta norte-americano (Birmingham, Alabama, 1961), conseguiu sua décima medalha olímpica nos Jogos Olímpicos de Atlanta (1996). Seu feito mais notável foi ter obtido quatro medalhas de ouro consecutivas numa mesma modalidade: salto em extensão. *Grande Enciclopédia Larousse Cultural.* São Paulo: Nova Cultural, 1998. p. 3575. (N.Ed.)

Sua arte de viver lhe rendeu bons frutos. Com efeito, o Sábio ascendeu ao mais alto cargo do país, tornando-se o conselheiro pessoal do Rei. As circunstâncias dessa promoção, que aliás provocou não poucos ciúmes, não vêm ao caso. É preciso salientar, porém, que o Rei apreciara, na pessoa e nos escritos do Sábio, a abertura a todas as pesquisas e a todos os conhecimentos. Tudo o fascinava. Seu deslumbramento era contagioso e o Rei usufruía dessa sua qualidade com alegria.

Depois de um longo dia de trabalho, o Sábio voltara para casa. Ele saboreou sua refeição, brincou com seus filhos e ouviu com prazer sua mulher lhe contar os mínimos acontecimentos do dia. Depois, dirigiu-se à sua biblioteca e escolheu uma obra de Nietzsche que não relia há anos. Foi para a cama e, depois de ler algumas páginas, adormeceu em paz...

O Rei

Quanto ao Rei, vocês já sabem que era estimado por seus súditos e que tinha uma sensibilidade aguçada. O que vocês não sabem é o quanto ele gostava de esportes. Nada de excepcional nisso, não fossem as situações embaraçosas que lhe causava, como Rei, o amor desmesurado pelas competições. O povo se lembrava da cólera do presidente de um país vizinho que, durante duas longas horas, foi obrigado a esperar no aeroporto que o Soberano fosse recebê-lo. Tudo por causa de uma interminável partida de tênis cujo resultado fora... sensacionalmente indefinido!

O Rei orgulhava-se de seu país. Não fosse essa estranha morosidade que começara a se insinuar em todos os lugares e em todos os níveis, ele teria toda razão de se gabar de seus êxitos. Ainda havia pouco desemprego no país. Politicamente, é verdade, a monarquia poderia parecer anacrônica. Contudo, como os poderes do Rei eram limitados e o povo cada vez menos se mobilizava para votar, ninguém parecia querer contestar um sistema que tinha dado certo. Quanto à cultura, é verdade que havia alguns criadores de talento, mas, visto que eram pouco compreendidos pelo povo, não perturbavam ninguém. Por fim, e principalmente, havia o Esporte, cuja principal função é canalizar as energias e os potenciais instintos agressivos; esse era o principal cimento do país. As grandes ideologias de direita ou de esquerda, dos verdes ou dos vermelhos, não entusiasmavam mais ninguém. Em um mundo cada vez mais interligado e ao mesmo tempo cada vez mais individualizado, cabia a cada um criar sua própria visão do universo. Há muitos anos, muitas Igrejas tiveram de fechar. Por quê? Simplesmente porque ninguém tinha energia suficiente para se levantar domingo de manhã. Para que encontrar pessoas melancólicas em um lugar desconfortável e para que submeter-se a uma torrente de palavras tão incompreensíveis quanto enfadonhas? Mais valia ficar em casa ou procurar diversão em outro lugar. Muitos dos lugares de culto transformaram-se em museus e até em piscinas.

Em compensação, astrólogos, numerólogos, necromantes e todo tipo de adivinhos haviam prosperado. Como suas mensagens eram *sempre* reconfortantes — com efeito, quem iria gastar altas somas para ser atormentado? — e não acarretavam nenhuma transformação profunda da vida, tinham sucesso garantido. O próprio Rei, muitas vezes, os havia consultado. A princípio, ele sentiu como se sua vida tivesse se enriquecido pela cumplicidade misteriosa que o ligava aos planetas, aos números e aos espíritos do além; depois, pouco a pouco, a insipidez de seus discursos fez com que tomasse uma certa distância. Mas ele ficava satisfeito que seu povo desfrutasse esse consolo, ainda mais que isso não custava um centavo ao Estado! No passado as Igrejas eram muito dispendiosas.

Naquela noite, como de hábito, o Rei se deitou, feliz da vida...

O sonho

Por um céu límpido, a lua clareava o Reino com uma luz suave.

Ao contrário do Bufão, o Rei adormecera sem dificuldade. Da mesma forma, o Sábio descansava tranqüilamente. De repente, em um silêncio sutil, uma espécie de Presença discreta infiltrou-se simultaneamente no sono desses três homens adormecidos.

O Rei sonhou com uma partida de futebol. Para sua grande surpresa, os jogadores ficaram imóveis. Todos levantaram os olhos para o céu. O Rei, admirado, fez o mesmo. E lá

vislumbrou claramente uma Mão sair do nada e começar a escrever, com letras de fogo, palavras que o perturbaram...
Quanto ao Sábio, ele se viu levado aos Grisões, na Suíça, onde Nietzsche viveu por algum tempo. No momento em que ia entrar na casa do filósofo em Sils-Maria, ele viu inscrever-se na porta da casa palavras espantosas...
O Bufão, por sua vez, sonhava com uma gigantesca pizza que finalmente lhe ia ser servida quando, de repente, a Mão rabiscou na toalha letras incompreensíveis...
Os três despertaram sobressaltados.
Sentindo-se oprimido, o Rei tremia e transpirava ao mesmo tempo. Depois de um instante de reflexão e apesar de uma prudente hesitação, telefonou ao Sábio. Para seu grande espanto, encontrou-o acordado e não de todo surpreso de ser incomodado em plena noite. O Rei, pensando em seu sonho, pediu-lhe que fosse imediatamente encontrá-lo no palácio. Sem fazer perguntas, o Sábio concordou. Havia sentido a gravidade da situação. Mal teve tempo de se vestir quando, pela segunda vez, o telefone tocou. Dessa vez era o Bufão.
— Ah! Então você ainda está vivo! — exclamou ele, aliviado. — Foi só um sonho bobo.
— Como? Você também?
— Não tenho tempo de lhe explicar. Venha nos encontrar no palácio. O Rei me pediu para ir até lá.
Meia hora depois, estavam reunidos no salão privativo do Rei. Muito emocionado, o Soberano contou o seu sonho. No momento de revelar o que tinha lido no céu, teve de retomar o fôlego.
— Eu vi então uma mão escrever: "Como a lua, teu povo deve morrer". E estava assinado "ANY". O que será que isso quer dizer? E quem é "ANY"?
Ouvindo isso, o Sábio ficou como que petrificado. Instado pelo Rei a explicar sua perturbação, ele murmurou:
— Eu também tive um sonho misterioso. E eis o que li: "Como o povo, teu Rei deve morrer". E estava assinado "AYN".
— "ANY"...
— Não, "AYN", tenho certeza. Havia até um *post-scriptum*: "Procurai a agulha e havereis de viver".
O Rei ficou abatido.

— Eu, morrer? — suspirou ele angustiado.
— Não apenas o povo e vós, mas também o Sábio e eu, emendou o Bufão. Em meu sonho absurdo, vi uma mão escrever: "Como o Rei e o Sábio, tu deves morrer". E estava assinado "DEUS". Se ao menos o engraçadinho tivesse me deixado comer minha pizza...

A preocupação

Nem é preciso dizer que nossos três heróis não tornaram a deitar naquela noite. Mil questões fervilhavam em suas cabeças desassossegadas. A simultaneidade das três mensagens não podia ser fruto do acaso. Por que esse anúncio brutal de uma morte futura? Por que "como a lua"? Quem seria afinal esse misterioso "ANY" ou "AYN"? E o que Deus tinha a ver com aquilo?

Ao raiar do dia, o primeiro impulso do Rei foi reunir seus astrólogos e adivinhos. Mas nenhum deles foi capaz de lhe dar uma explicação. O Bufão parecia convencido de que tudo aquilo era apenas uma coincidência absurda; contudo, no mais fundo do seu ser, alguma coisa murmurava o contrário.

O Sábio repassava sem parar o sonho em sua cabeça. Os Grisões, a casa de Nietzsche, aquelas palavras na porta... Ele se lembrou então de Mircea Eliade, que lera em sua juventude. "Tudo é signo", escrevera, em suma, o filósofo das religiões romeno. "Tudo é *hierofania,* manifestação do Sagrado. Mas é preciso saber olhar..." Não sendo ele próprio crente, porém, o Sábio não aprofundara esse ensinamento. Mas naquele momento de tantas indagações aquelas palavras começaram a lhe chamar a atenção. Teve então a intuição de reler a página de Nietzsche sobre a qual adormecera na véspera. Tendo encontrado o livro, ele a leu para o Rei e o Bufão:

"Ouvistes falar de um homem insensato que, tendo acendido uma lanterna em pleno meio-dia, corria pela praça do mercado gritando sem cessar: 'Eu procuro Deus! Eu procuro Deus!'; e como lá se encontravam reunidos justamente muitos que não acreditavam em Deus, ele deu motivo a muitas gargalhadas. 'Será que ele se perdeu?' — disse um. 'Será que se perdeu como uma criança?' — perguntou outro. 'Ou quem sabe se escondeu em algum lugar' [...] O demente se precipitou no meio deles e os fuzilou com seu olhar. 'Onde está Deus?' — gritou. 'Já vos digo! *Nós o matamos* — vós e eu! Todos nós somos seus matadores! Mas como fizemos isso? Como pudemos esvaziar o mar? Quem nos deu uma esponja para apagar o horizonte inteiro? Que fizemos nós para separar esta Terra do sol? [...] Não nos precipitamos numa queda contínua? [...] Não erramos como através de um nada infinito? Não sentimos o sopro do vazio? Não faz mais frio? Não é sempre noite e cada vez mais escuro? Não é preciso acender as lanternas desde cedo? Ainda não ouvimos nada do ruído dos coveiros que sepultaram Deus? Ainda não sentimos o cheiro da putrefação divina? — os deuses também apodrecem! Deus está morto! Deus permanece morto! E fomos nós que o matamos!'"

Ao ouvir esta página, o Rei foi tomado de assombro. Tanta força em tão poucas palavras...

— Deus está mesmo morto? — perguntou o Rei.

— Não só está morto, como também nunca nasceu — respondeu o Bufão. — Ou antes, ele nasce no espírito dos ignorantes e morre no dos sábios.

E ouvindo o Bufão, o Sábio lembrou-se da seguinte anedota:

— Um de meus professores escrevera em sua porta: "Deus está morto", assinado "Nietzsche". Maliciosamente, um estudante acrescentara: "Nietzsche está morto", assinado "Deus".

O Rei, perturbado, chamou a atenção para a semelhança de estilo entre essa anedota e a mensagem que eles próprios tinham recebido.

— A morte do homem... estaria ligada ao assassinato de Deus? E tanto a superficialidade como a falta de sentido que se insinuaram em meu povo... não teriam relação com a perda de um sentido profundo para a vida?

Ouvindo essa torrente de pensamentos metafísicos, o Bufão assustou-se:

— Ah não! Vocês não vão dar importância a essas tolices.

Mas o Rei não estava mais escutando. Tendo se levantado, aproximou-se da janela e contemplou o seu país.

— Eu lhes dei trabalho e lazer, pão e divertimento. Mas o que talvez falte ao meu povo é um *Sentido* que o oriente. Meu povo precisa de uma verdadeira religião!

Convocação do "Grande Torneio das Religiões"

— Qual? — perguntou o Bufão com um ar sonso. A hebraica, a cristã ou a muçulmana? A hinduísta ou a budista? A xintoísta, a taoísta ou a confucionista? Ou quem sabe todas? Ou quem sabe nenhuma dessas? Ah! Tenho uma idéia. Se inventarmos uma nova? Ó, Rei, vós sereis nosso Deus e eu serei o sumo sacerdote. Dividiremos todas as oferendas que eu receber. Digamos, metade para vós e metade para mim. Concorda?

— Cale-se, Bufão. Você não sabe o que diz.

Mas o Rei ficou indeciso. Com efeito, qual religião deveria escolher para seu povo? O Bufão não estava de todo errado.

O Sábio não esperava que a conversa deles tomasse aquele rumo.

Súbito, o rosto do Rei se iluminou:

— E se convidássemos dignos representantes de todas as religiões para nos apresentarem sua crença? Poderíamos, então, escolher a melhor! O povo poderia assistir aos debates e dar sua opinião. Acredito que você, Sábio, seria um excelente moderador.

— E eu? — arriscou o Bufão. — Poderei participar desse concurso? Tenho certeza de que ganharei a medalha de ouro!

Entusiasmado com seu projeto, o Rei não tinha percebido a ironia da pergunta.

— Medalhas! Excelente idéia. Uma vez que nosso país nunca teve a honra de sediar Jogos Olímpicos para os deuses do esporte, promoveremos o primeiro Grande Torneio das Religiões! Teremos esporte, ora se teremos!

— Se entendi bem, meu Rei — falou o Sábio —, os "JO" que propondes seriam algo como "justas oratórias"?

— Exatamente!

— Mas quem iríeis convidar?

— Boa pergunta — respondeu o Rei. — Bem, simplesmente o chefe de cada tradição religiosa!

O Sábio balançou a cabeça lentamente:

— Se convidardes os mais altos dignitários, há o grande risco de que o diálogo resulte muito curto. Cada um poderá apresentar sua tradição ocultando o que nela for indigno e isso será um problema.

— Se entendi bem o Sábio — diz o Bufão com certa malícia —, é próprio de um alto dignitário omitir com dignidade tudo que é vil e mesquinho?
— Que fazer então?
— Sugiro — prosseguiu o Sábio — solicitar a cada tradição uma pessoa relativamente jovem, digamos, com menos de quarenta anos, mas que a conheça bem e esteja apta a apresentá-la de maneira aberta e crítica. As religiões têm toda a liberdade de indicar o seu campeão.
— Quantos concorrentes haverá? — insistiu o Bufão. — Se vós alinhardes todas as religiões, todos os novos movimentos religiosos e todas as seitas, haverá mais pessoas na pista de largada do que na platéia!
— Sugiro então, para essas primeiras "justas oratórias" — prosseguiu o Sábio —, convidar cinco grandes tradições religiosas: a hebraica, a cristã, a muçulmana, a hindu e a budista. Nada nos impede de convidar, num outro ano, outros concorrentes.
A proposta agradou ao Rei, mas não ao Bufão.
— Eu também tenho uma sugestão — disse ele. — Não é justo que não participe dessas "JO" nenhum livre-pensador. Proponho, pois, que seja convidado um sexto concorrente... um ateu!
O Rei e o Sábio, pelo menos dessa vez, acharam que a idéia fazia sentido.
No mesmo dia enviaram-se cartas de convocação aos líderes espirituais das cinco religiões mencionadas e à União Mundial dos Livre-Pensadores.

A escolha dos candidatos

Todos os que receberam a carta ficaram perturbados.
O cardeal católico do Conselho Pontifical para o Diálogo Inter-religioso, em Roma, sentiu-se ao mesmo tempo lisonjeado por ter sido convidado e constrangido diante de seus confrades ortodoxos e protestantes, que não tinham sido convidados. Depois de consultas ao Papa, mandou uma mensagem por fax ao Conselho Ecumênico das Igrejas em Genebra e ao Patriarcado de Constantinopla.
O secretário-geral da Liga Mundial Muçulmana contactou o reitor da Universidade al-Azhar, no Cairo. O presidente do

Congresso israelita mundial teve uma reação semelhante: consultou uma pessoa de suas relações, professor da Universidade Hebraica de Jerusalém, situada no monte Scopus.

O Dalai-Lama teve a sabedoria de enviar uma cópia da carta a vários de seus amigos budistas do Sri Lanka, da Tailândia, do Japão e de outros países do sudeste asiático. Não se sabe muito bem como, a Federação Budista Mundial, a Confraria Mundial dos Budistas e a Comunidade Mundial dos Monges Budistas tiveram notícia do Torneio. A verdade é que a notícia da convocação chegou até eles.

Ainda mais obscuro foi o processo de consulta entre os hindus. Quando a ordem de Ramakrishna, em Belur Math, próximo de Calcutá, recebeu o convite, vários *swami* ilustres foram informados disso. O que discutiram? Até agora não se sabe.

O presidente da União Mundial dos Livre-Pensadores, por sua vez, avisou diretamente os membros de seu comitê, espalhados pelos quatro cantos da Terra. Uma cópia de sua carta chegou a ser enviada à União Racionalista e à Internacional Humanista e Ética, fundada por Sir Julian Huxley.

Nem é preciso dizer que o convite para um "Grande Torneio das Religiões" perturbou todos os organismos convidados. E talvez mais ainda os que não tinham sido, mas dele tiveram notícia: a rivalidade, infelizmente, é universal...

Entre todos eles, levantaram-se vários tipos de questões. Quem podia, legitimamente, falar em nome de uma religião ou do ateísmo? Que representante enviar, que conhecesse bem as diferentes orientações existentes no interior de cada visão do mundo e que fosse capaz de apresentá-las às outras de forma válida? Seria o caso de boicotar o Torneio? Mas se os outros convidados não o fizessem, poder-se-ia correr o risco de não comparecer?

Durante meses, aconteceram acirradas discussões internas. Entre budistas do Theravada, do Mahayana e do Vajrayana, entre os hindus shivaítas, vishnuítas e shaktitas, entre muçulmanos sunitas e xiitas, entre judeus conservadores, ortodoxos e liberais, entre cristãos católicos, ortodoxos e protestantes. Em vão, eles pediram ao Rei que permitisse enviar vários delegados. Esse, levando em conta a opinião do Sábio, insistiu na necessidade de delegar um só representante de cada tradição.

Argumentou que já era bastante complicado confrontar seis pontos de vista diversos, e não se poderia complicar ainda mais a tarefa, considerando as múltiplas nuanças no interior de cada visão de mundo. Chegou a acrescentar que, se uma religião não fosse capaz de ser una, como poderia unir seu povo? Por pouco o Torneio não se realizaria. Foi o fato de não poder contar com a Providência, o Destino ou o Acaso que, surpreendentemente, orientou os corações e os acontecimentos.

Abertura dos jogos

O Rei estava alvoroçado. Depois de tantas palavras e hesitações, de espera e tergiversações, finalmente "suas" "JO" iriam ter início. Passara-se um ano desde a noite em que os três haviam sonhado.

— Sabe o que isso significa, Bufão? Vamos dar início ao primeiro Grande Torneio das Religiões de toda a história da humanidade!

— Talvez seja também o último — murmurou o homem de negro. — Eles vão se digladiar de tal forma em nome de suas respectivas verdades que nunca mais desejarão se encontrar.

Um velho mosteiro que havia sido transformado em sala de espetáculos foi reformado para sediar o Torneio. No centro de uma sala bem iluminada murmurava uma fonte. Construiu-se um estrado para acomodar o júri, composto de seis pessoas: três homens e três mulheres, escolhidos entre o povo por seu bom senso. Ao lado deles estava o Sábio, grande moderador do Torneio, assim como o Bufão. Em uma posição um pouco mais elevada, no trono, estava o Rei que, com um único olhar podia ver... e ser visto. Seis lugares estavam reservados para os "campeões". O resto da sala destinava-se ao público. Cada um recebeu um pequeno dossiê com o horário das justas e uma apresentação sumária das tradições religiosas que seriam defendidas[1]. Bem antes do início das festividades, todos os lugares haviam sido ocupados. Foi preciso improvisar, de última hora,

---

[1] Encontram-se anexas essas fichas de apresentação elaboradas pela *Plataforma Inter-Religiosa de Genebra* e gentilmente postas à nossa disposição; agradecemos a seus autores, e especialmente a Jean-Claude Basset, um dos principais organizadores. Apresentamos também, no final do livro, um quadro sinótico com as grandes datas da história das religiões.

espaços anexos e providenciar para que estes contassem com uma retransmissão audiovisual. Precisamente às catorze horas, a orquestra começou a tocar o hino composto para a ocasião. Todas as pessoas da sala levantaram-se para saudar o cortejo que estava prestes a entrar. É preciso assinalar que o cerimonial havia sido objeto de uma longa reflexão. Para não ferir suscetibilidades, decidira-se que a entrada dos delegados seria pela ordem alfabética. Ora, estranhamente, mesmo quando a orquestra já estava tocando há alguns minutos, ninguém apareceu. Os guardas postados à entrada de honra dos concorrentes entreolharam-se, murmurando entre si. Havia algo de errado. De repente, apareceu um homem andando timidamente. Ao contrário do que estava anunciado no programa, não se tratava do xeque Ali ben Ahmed.

Nos alto-falantes, uma voz clamou em tom teatral:

— Pela equipe do cristianismo, o doutor Christian Clément, da Suíça.

Toda a sala aplaudiu, mas de forma contida. Com um andar hesitante, ele foi se sentar no lugar que lhe havia sido reservado, no que foi prontamente seguido pelos outros concorrentes.

— Pela equipe do judaísmo, o rabino David Halévy, de Israel... Pela equipe do hinduísmo, o swami Krishnananda, da Índia... Pela equipe do budismo, o mestre e monge Rahula, do Sri Lanka... E pela equipe do ateísmo, o professor Alain Tannier, da França.

Ao anúncio do defensor do ateísmo, ouviram-se algumas vaias na sala e alguém gritou com voz tonitroante:

— Fora com os infiéis! Aqui não há lugar para os sem-Deus! Em nome de Alá, retirem-no daqui!

Todos os olhares convergiram para o lugar de onde partiam essas vociferações. Seu autor era um homem barbudo de pele morena.

O Sábio ficou contrariado com aquele imprevisto. Levantando-se com determinação, fez sinal aos guardas para que se aproximassem do desmancha-prazeres. Apesar de resistir violentamente, ele foi retirado da sala. O público ficou como paralisado. Alguns chegaram a se levantar e sair da sala tempestuosamente.

Durante todo esse tempo, Alain Tannier mantivera-se calmo, com um leve sorriso nos lábios. Como se o agitador, contra sua vontade, tivesse se tornado um aliado das teses que iria defender.

Cabia ao Rei dar início às justas. Transtornado pelo que acabara de se passar, hesitou em ler seu discurso. Decidindo abreviá-lo, proclamou-o sem a solenidade para a qual se preparara:

— Em nome de meu povo e de todos os homens de boa vontade, declaro oficialmente aberto este primeiro Grande Torneio das Religiões. É com profunda gratidão que recebo os delegados que aceitaram representar suas diversas tradições e medir-se com os outros. Com espírito esportivo, defendereis vossos pontos de vista, confrontando-os com os dos outros. Possam a Verdade e a Sabedoria triunfar nestes jogos...

Neste instante, todos se voltaram para a porta de entrada dos delegados. Lá estava uma jovem mulher, de uma perturbadora beleza. Cingia seu corpo um tecido de seda e o rosto irradiava uma paz interior. Um pequeno véu a um tempo escondia e revelava uma cabeleira ondulada e negra. Com grande recato, amparava um homem mais velho, evidentemente cego.

— Pela equipe do islamismo, o xeque e imã Ali ben Ahmed, do Egito.

O delegado muçulmano, com o gracioso apoio da jovem mulher, dirigiu-se ao seu lugar. Em seguida, devagar mas com muita firmeza, disse:

— Vossa Alteza, senhor moderador, senhoras e senhores do júri, caros representantes das outras religiões e do ateísmo, peço que desculpem meu atraso e o de minha filha mais velha, Amina, que Alá me deu como olhos e consolo. A seção de abertura do Torneio foi marcada para a hora da nossa terceira oração diária. Como todo bom muçulmano, devo servir primeiro a Deus e só depois aos homens. Daí o meu atraso. Obrigado, pois, por sua compreensão.

Em profundo silêncio, ele se sentou. O público foi conquistado pela postura, fé e autoridade do homem, da mesma forma como o havia sido pelo brilho e pela discrição de sua filha. Quanto ao Rei, não terminou seu discurso. Balbuciou umas poucas palavras de agradecimento. Algumas foram dirigidas em particular ao Sábio, a quem o Rei entregou oficialmente a presidência do Torneio.

Apresentação das provas

— Senhoras e senhores — começou o Sábio — viveremos momentos históricos e decisivos para nosso país e, quem sabe, para a humanidade. No final destas justas, decidiremos se queremos ou não uma religião para o nosso povo e, em caso afirmativo, qual. Eis o que pedimos aos concorrentes: devem nos apresentar em linguagem clara, compreensível e convincente o conteúdo de sua religião. Agradeço também ao professor Tannier por sua participação. Seu papel é nos alertar para problemas importantes e fundamentais que nos poderiam escapar. Vamos proceder da seguinte maneira: um de cada vez, após um sorteio, deverá apresentar o fundador e os fundamentos de sua religião, um texto capital de sua tradição e uma parábola significativa. Depois de cada apresentação, os outros concorrentes, se assim o desejarem, poderão tomar a palavra e interpelar aquele que acabou de falar. O público terá também direito a intervir. Ao cabo de todas as apresentações, o júri e o Rei decidirão qual religião ou visão do mundo será adotada por nosso país. Que tenha início o concurso!

A orquestra tocou o refrão do hino do Grande Torneio. Enquanto isso, procedeu-se ao sorteio. Alain Tannier foi o primeiro sorteado; coube-lhe o temível privilégio de abrir os jogos.

Aproveitando esse pequeno momento de transição, o Bufão voltou-se para o Sábio e cochichou-lhe ao ouvido:

— Com exceção da bela muçulmana que, de qualquer modo, deverá se manter calada, não há nenhuma concorrente. Eu pensava que as mulheres fossem mais religiosas do que os homens. Mas quando se trata de falar, são sempre eles que se expressam!

— Bem observado, senhor Bufão — retorquiu o Sábio.

— Você sabe muito bem que tenho razão. Mas felizmente Heloísa está aqui para reforçar a presença feminina no estrado.

Depois, com todo carinho, o Bufão acariciou o pescoço de sua tartaruga.

A EXPOSIÇÃO DO ATEU

Alain Tannier levantou-se com calma e determinação. Professor de filosofia numa grande universidade de Paris, costumava fazer conferências na América. Um grande auditório não o intimidava. Pelo contrário, aprazia-lhe esse modo de comunicação, que lhe permitia dar o melhor de si. Seus concorrentes o encaravam com uma sombra de inquietação nos olhos. Estimulado por esse leve temor, ele se voltou resolutamente para o júri e para o Rei.

— Majestade, senhoras e senhores, permiti-me em primeiro lugar agradecer-vos. Tendo tido sonhos estranhos, supostamente vindos de Deus ou mais simplesmente do inconsciente coletivo, resolvestes apelar também para um descrente. E me sinto honrado com isso. Quando o comitê da União Mundial dos Livre-Pensadores me indicou para este torneio, fiquei perplexo. "Um torneio como este poderia ter algum resultado positivo?", perguntei a mim mesmo. Ora, encontrando-me hoje entre os senhores, não tenho dúvidas quanto a isso. O que está em jogo é de uma importância tal que era preciso vir. Por que fui o escolhido? Talvez porque eu tenha feito estudos completos de teologia... antes de me tornar ateu.

Uma onda de espanto, talvez até de indignação, agitou a sala. Apenas o Bufão estava contente.

— Eu sou ateu — prosseguiu ele — e orgulho-me disso. Surpreende-lhes que um teólogo tenha se tornado ateu? Feuerbach, que inspirou Marx em sua juventude, foi teólogo antes de se tornar um ardoroso defensor do materialismo. Até Stalin foi, durante algum tempo, seminarista. Quanto a Nietzsche, era filho de pastor e começou a estudar teologia em Bonn. Já devem ter ouvido teólogos falar da morte de Deus, não? Não importa. Eu não pretendo ministrar-lhes um curso de história do ateísmo de Demócrito a Sartre, passando por Darwin e

Freud. O moderador pediu clareza e simplicidade. Eu também quero ir direto ao ponto.

Alain Tannier respirou fundo. Havia em seu rosto uma expressão grave e determinada.

— Ó, Rei, os homens religiosos vos falarão com entusiasmo do melhor de seus textos e de suas tradições. Ora, o que me deixa perplexo não são tanto suas palavras mas os seus silêncios... "Deus é Fidelidade", dir-vos-ão os judeus. "Deus é Amor", cantarão os cristãos. "Deus é Misericórdia", proclamarão os muçulmanos. No entanto, o que eles se "esquecerão" de vos dizer é que seus textos sagrados o descrevem também como o "Devastador" (Isaías 13,6), como um "Fogo devorador" (Epístola aos hebreus 12,29), como Aquele capaz de um "grande ódio" contra os que discutem erroneamente os seus Sinais (Corão 40,34s). Os hindus vos gabarão os méritos de sua libertação espiritual, mas nada dirão sobre milhões de escravos dentro e fora das castas, sistema de opressão que vários de seus textos religiosos justificam. Os budistas vos revelarão sua grande compaixão para com todos os seres, mas por acaso falarão das rivalidades entre monastérios e do subdesenvolvimento social e econômico em muitos de seus países? Todos os dias no mundo, seis mil meninas muçulmanas, animistas e cristãs são excisadas; a cada quinze segundos, uma menininha é, pois, mutilada para sempre em sua intimidade. Há homens que justificam essa prática em nome de sua religião. Enquanto discutimos metafísica neste lugar isolado, a Terra continua a girar como um carrossel desgovernado. E o que dizem as autoridades religiosas contra essas atrocidades? Nada, ou quase nada. E quando falam, muitas vezes contribuem mais para agravar os problemas que para resolvê-los.

— Será preciso lembrar — continuou ele — que milhões de homens, de mulheres e de crianças são mortos em guerras religiosas? Todos sabem muito bem disso, ou deveriam saber. É claro que conheço a resposta de seus dignitários espirituais: "As guerras — nos dizem eles — não são essencialmente religiosas, mas políticas. São os políticos que usam o argumento religioso para justificar suas ações e para fortalecer os seus grupos." Isso é verdade em alguns casos, mas não sempre. Em nome de Verdades absolutas, tantas mortes inúteis...

Parando alguns segundos para tomar um bom gole de água, o professor Tannier deliciou-se com o frescor da bebida e com a embriaguez de ser escutado com tanta atenção. O Sábio lançou um olhar ao Bufão. Em um silêncio recolhido, ele estava visivelmente feliz pelo fato de "seu" candidato estar se saindo tão bem.

— Não, Majestade — continuou o professor. — Eu não preciso desenvolver uma longa argumentação para demonstrar o quanto as religiões mantêm seus fiéis em um estado de torpor, de infantilismo e de irresponsabilidade. De todas as questões sem resposta que fazem de mim um ateu, apresentarei apenas duas.

Deus não existe

— Minha primeira dificuldade diz respeito à própria existência de Deus. Um de meus filhos, de quatro anos, já me fez a seguinte pergunta: "Se Deus criou o mundo, quem criou Deus?" Seria Deus a Causa *primeira*? A Causa *última* das causas? Minha razão não pode aceitar essa fossilização que seria chegar a uma causa sem causas. De onde, com efeito, vem esse Deus? Até hoje, nenhum teólogo ou filósofo pôde me dar uma resposta válida.

— Minha segunda dificuldade — prosseguiu Tannier —, que em ordem de importância é certamente a primeira, diz respeito à invisibilidade e à inaudibilidade de Deus. Por que, se ele existe, não o vemos e se mantém tão silencioso? Os religiosos me respondem que Deus se teria revelado a profetas e videntes. Judeus, cristãos e muçulmanos falam em suas Escrituras sagradas de uma "auto-revelação" de Deus e os hindus da *Shruti*, da Voz eterna *ouvida* pelos *rishis*, os poetas inspirados. Ora, tudo isso data de séculos, e mesmo de milênios. Não seriam todos esses textos apenas meios para justificar uma coesão social em nome de uma Verdade indiscutível? O que me preocupa não é o que se passou em tempos imemoriais, mas o que vivemos hoje. Por que agora Deus, se existe, mantém-se tão escondido e tão discreto? Que ele não se digne a se manifestar na vida de um pobre professor de filosofia, ainda posso aceitar. Talvez eu seja muito maçante para ele. Mas que possa olhar impassível para o sofrimento dos inocentes é absolutamente intolerável.

A exposição do ateu 29

Que digo eu, inocentes? Uma só criança que grite de dor pesa mais na balança dos argumentos contra Deus do que todas as bibliotecas teológicas da Terra. Mas temo estar sendo ainda muito abstrato.
Alain Tannier fez uma nova pausa, como para reunir suas energias e fazê-las explodir em seu último ataque.
— Em um país africano (mas isso poderia ter acontecido em qualquer lugar do mundo) uma mãe e seus dois filhos são despertados em plena noite. O pai, recrutado para a guerra, há meses não dá sinal de vida. Será que ele está de volta? A vida vai, enfim, retomar seu curso normal? Poderá o rapazinho daí em diante contar com o olhar orgulhoso de seu pai? Terá, enfim, a mocinha a alegria de desposar aquele belo homem que a olha com ternura? A porta se abre. Soldados do campo inimigo irrompem na minúscula choupana com gritos grosseiros e raivosos. Agarram o rapaz sob os olhares angustiados da mãe e da filha. Diante delas, e excitados por seus gritos, eles o retalham com suas facas. As pernas, o sexo, o ventre, o rosto... Depois improvisam rapidamente uma cruz e nela crucificam o que restou do corpo esquartejado e ensangüentado... Vocês estão com o estômago embrulhado? Mas isso não é tudo, ouçam a continuação. Os soldados, ébrios de loucura e de alegria, agarram a moça. Raivosamente, arrancam suas roupas. Com as mãos ainda tingidas de sangue, maculam o corpo daquela que se havia reservado para as carícias de um marido amoroso. Um após outro, e durante horas, eles a violentam, a dilaceram e mutilam. Depois, acorrentam-na e a levam com eles, esperando vendê-la como escrava a um bom pai de família, que todos os dias dirá suas orações. Deus, se existe, como pode suportar tudo isso sem mexer um só dedo? E, no entanto, o céu continua silencioso. Abominavelmente silencioso. "A única desculpa de Deus é que ele não existe", afirmava Stendhal. No que tinha toda razão.
Ele prosseguiu: — Ó Rei, e vós, minhas senhoras e meus senhores do júri, desconfiai dos homens religiosos, de seus discursos consoladores e melosos que na verdade escondem uma sede insaciável de poder. Possa vosso país ser preservado de suas respostas simplistas a questões complexas, de seus apelos ao divino que mutilam em nós o que é preciosamente humano.

De repente Alain Tannier pára e senta-se devagar. O efeito surpresa foi perturbador. Na sala, todos estavam imóveis. Os delegados das diferentes religiões haviam baixado os olhos. Como se estivessem meditando ou rezando...

Confrontos

O Sábio quebrou o silêncio. Em poucas palavras, lembrou as "regras do jogo" e deu a palavra aos representantes das diferentes tradições religiosas.

O primeiro a se manifestar foi o *swami*. Ele se levantou e, para grande espanto de todos, saiu da sala. Desconcertados, os organizadores confabularam para saber como deviam reagir. Antes que tivessem tido tempo de tomar uma decisão, já o *swami* reapareceu entre eles. Trazia na mão um flor que acabara de colher no magnífico jardim do mosteiro. Sem dizer uma palavra, aproximou-se de Alain Tannier e com um gesto sóbrio e digno ofereceu-lhe a flor. Em seguida, voltou ao seu lugar. O professor de filosofia, embaraçado por esse gesto, interrogou o *swami* com os olhos. Este lhe deu um demorado sorriso, mas não disse palavra alguma.

A atmosfera começava a ficar carregada. O ateu não foi o único a ficar surpreso. O concorrente budista, talvez de forma equivocada, sentiu-se provocado por aquele gesto, que se assemelhava demais ao de Buda, que havia dado uma rosa a um de seus interlocutores. Para grande alívio de todos, o monge tomou a palavra:

— Professor Tannier, seu notável discurso emocionou a todos. Sendo budista, devo dizer-lhe que me sinto próximo de sua análise, mesmo sendo um homem religioso. Mas é preciso compreender muito bem o que acabo de dizer... O senhor não ignora que o budismo rejeita a possibilidade de um Deus criador do mundo que, se assim o fosse, seria também responsável pelos sofrimentos do universo. Siddharta Gautama, o Buda Shakyamuni, silenciou sobre a questão daquilo que o senhor chama de "Deus". O que o preocupava, e a nós também, era o sofrimento, e mais precisamente a libertação do sofrimento. Dito isso, os budistas não negam a Realidade última. Esta pode talvez ser chamada de "Deus" por alguns. Na verdade eles se

recusam a encerrá-la em categorias de pensamento impróprias à sua natureza.
Alain Tannier ficou aliviado. Colocou a flor ao seu lado. O breve discurso do mestre Rahula permitiu-lhe voltar ao mundo das palavras, de onde o gesto do *swami* o havia incomodamente deslocado.

— Caro mestre. Conheço muito pouco a religião ou a filosofia budista. Muitos de meus colegas me disseram, porém, que as conclusões de nossos pensadores estruturalistas às vezes coincidem com as dos senhores.

O Sábio interveio prontamente:

— Lembro aos concorrentes que devem fazer todo o possível para evitar referências a doutrinas ou pensamentos abstratos, a menos que os expliquem com clareza e simplicidade ao público.

Alain Tannier não viu nenhuma utilidade em continuar o diálogo com o monge budista. Ele esperava impacientemente a reação dos outros concorrentes à sua severa crítica das religiões.

Um universo orientado

O rabino Halévy, muito emocionado, levantou-se:
— Senhor professor, sou judeu. E, contrariamente ao mestre budista que acaba de falar, acredito, assim como todo o meu povo, em um Deus criador, bendito seja seu nome. Quando, ainda há pouco, o senhor evocou o sofrimento dessa família africana, não pude deixar de pensar em meus avós, mortos no campo de concentração de Treblinka, e no milhão e meio de crianças judias massacradas durante a guerra. Nossas noites são habitadas por seus olhares suplicantes, impotentes, apagados. De manhã, quando acordo, quero tomar nos braços um desses pequenos e lhe dizer que o amo. Mas encontro-me só com minhas imagens de horror e sua realidade é inacessível para mim para todo o sempre. Ora, malgrado a *Shoah*, esse desastre que dizimou nosso povo, creio e continuo a crer no Criador dos céus e da Terra, libertador de todas as formas de escravidão e que, quando chegar o tempo, enviará seu Messias, seu Ungido. Para mim, o grande problema não é tanto a existência de Deus, mas a existência pura e simples. Como indagaram muitos filósofos que o senhor conhece bem: "Por que existe alguma coisa

em vez de nada?" Suponhamos por um instante — que Deus me perdoe — que Deus não exista; aceitemos por um instante a sua hipótese. O que nos resta? O universo, com sua maravilhosa complexidade e seus duros combates. Mas de onde ele vem? Do nada absoluto? Impensável! Como, de *nada,* poderia sair alguma coisa?

O Sábio, provocado pela argumentação e esquecido de suas funções de moderador, interveio no debate:

— Mas senhor rabino, os físicos contemporâneos falam do "nada quântico" original do qual o universo teria evoluído!

Ele também esquecera sua própria exigência de simplicidade.

— Talvez — prosseguiu David Halévy —, mas esse nada não é um nada puro. É um potencial, uma latência. Na origem, há *alguma coisa,* uma espécie de energia indescritível, feita de "matéria" e de "antimatéria", a partir da qual o universo se formará. A única questão que coloco é: de onde vem essa "energia"? Repito a questão fundamental: "Por que existe alguma coisa em vez de nada?"

Muitas vezes Alain Tannier havia abordado essas questões, mas sem conseguir explorá-las até as últimas conseqüências. Ele percebeu então o quanto a razão humana é capaz de criticar os diversos pontos de vista, no presente caso as concepções religiosas, e incapaz de criar uma concepção que resista a toda crítica. Como ele demorou a responder, o doutor Christian Clément tomou a palavra:

— A questão colocada pelo rabino Halévy me lembra uma anedota contada pelo pastor Richard Wurmbrand, que também padeceu sofrimentos terríveis durante os muitos anos que esteve preso na Romênia. Um camponês russo cristão, encarcerado por suas convicções religiosas, foi interrogado por seus torturadores: "Diga-nos quem criou Deus e nós o deixaremos sair daqui". Depois de um momento de reflexão, o camponês lhe teria dito: "Se vocês responderem à minha pergunta eu responderei à de vocês. Qual é o número que vem antes de 1?" O que eles podiam responder? Zero? Mas zero não é um número, mas antes uma ausência de número. Menos 1? Mas menos 1 é o número 1 considerado em sua forma negativa... Não. Para fazer cálculos, 1 é definitivamente o ponto de partida. Da mesma forma, intuía o camponês, Deus é o "1" a partir do qual tudo é pesado e vivido.

A questão, então, não consiste em saber se Deus existe ou não, mas antes que seria esse "Deus", esse "1", do qual tudo derivaria.

Alain Tannier interrompeu o cristão quase brutalmente:

— Assim você está indo muito longe! Sua maneira de jogar com as palavras mais confunde que esclarece. Admito que, para todos nós, a origem do que existe é um mistério. Mas chamar de "Deus" essa origem primeira é criar uma confusão e recuperar teologicamente aquilo que não lhe pertence. Embora não acredite em Deus, admito que creio em uma energia cuja origem me escapa e da qual, pelo acaso e leis da complexidade, nosso universo, tal como o conhecemos, surgiu. Mas, por favor, não me imponha uma crença em "Deus" contra a minha vontade.

Christian Clément não teve nem tempo de lhe perguntar de onde vinham essas "leis da complexidade" e como, do puro acaso, podia surgir uma ordem qualquer, pois logo o rabino recomeçou a falar:

— Caro senhor filósofo, o senhor reconhece portanto, visto que o senhor acredita na existência de uma energia cuja origem lhe escapa, que o problema da origem do que chamamos "Deus" também pode nos escapar. Assim, sua questão sobre a Causa primeira fica sem resposta. Tudo o que podemos dizer, tanto crentes como descrentes, é que o universo existe realmente e deriva de causas que escapam tanto a nós... como ao senhor. O que diferencia os homens religiosos dos outros é que, para nós, esse universo é *orientado*. Ele é animado de um *Sentido*. E é justamente esse "Movimento orientador", o próprio mistério de Deus, que buscamos acolher, com toda humildade, em nossa experiência religiosa.

Deus maior

— Chegamos então — continuou o professor — à minha segunda questão, que na verdade é a primeira: esse *Sentido* de que o senhor fala, se existe, por que se mantém tão silencioso? Seus argumentos não consolam nem a família africana cujo drama expus, nem as crianças judias assassinadas em Auschwitz.

Todos olharam para o rabino. Depois de hesitar um pouco ele respondeu:

— Não quero monopolizar a palavra, mas já que mais uma vez pede que me manifeste, permita-me que lhe devolva a questão. Suponhamos mais uma vez, e que Deus me perdoe mais uma vez, que Deus não exista. De onde viria, então, todo o mal de que o homem é capaz? O senhor há de convir que ele vem do homem e só do homem. O mal que se comete é um mal humano. Quanto a isto estamos os dois de acordo. O que me espanta nos ateus, pelo menos em alguns deles, é que, tendo perdido a confiança em Deus, possam manter sua confiança no homem. Como encontrar forças para continuar a viver nesta Terra estando convencido de que a humanidade está totalmente entregue à monstruosidade de que o homem é capaz? O que nos diferencia dos ateus é que, para nós, os crentes, o Mal, ainda que com todo o seu absurdo, não haverá de ser, jamais, a última palavra na história. De onde vem essa confiança, que alguns chamam de "ópio"? De nossa fé nesse "Movimento orientador" a que chamamos "Deus". Mais ainda, é a experiência desse "Movimento" em nossas vidas que nos dá a fé.

Christian Clément ficou satisfeito de ouvir o rabino formular tantas coisas que ele próprio poderia ter dito. Mesmo o xeque Ali ben Ahmed aprovava seu confrade judeu e se perguntava por que tanta animosidade ainda os separava. O mestre budista, em compensação, não podia aceitar tal ponto de vista; mas resolveu não intervir. Quanto ao *swami*, o mesmo sorriso misterioso iluminava seu rosto.

— Visto que nem todos têm essa fé — murmurou Alain Tannier —, isso significa que esse "Movimento orientador", como o senhor o chama, só atua sobre alguns eleitos?

O rabino percebeu que a crítica do filósofo dizia respeito à idéia de eleição, tão cara aos judeus, e que cristãos e muçulmanos tomaram para si.

— Todos, à sua maneira, são eleitos — respondeu ele de forma lacônica.

O doutor Clément retomou a palavra:

— Desde o século das Luzes, as Igrejas cristãs combateram o ateísmo. Mas, pouco a pouco, eles tomaram consciência de que as severas críticas contra a instituição eclesial e a experiência religiosa podiam ajudar a engrandecê-las, a purificar as imagens de Deus e do humano. Para nós cristãos, o ateísmo

A exposição do ateu   35

têm seu fundo de verdade. Ninguém ignora que os primeiros cristãos eram considerados ateus porque negavam os deuses do Império Romano professando um Deus único, Senhor do universo. Georges Bernanos admitiu que era preciso aceitar a destruição de algumas de nossas representações do divino. O Deus-guardião de chaves, resposta a todas as nossas indagações; o Deus-lenço, consolo de todos os nossos sofrimentos; o Deus-carteira, fonte de todas as garantias. Pois bem, esse Deus devia com certeza morrer. Freud tinha razão quando mostrou que os seres humanos podem projetar em Deus sua vida inconsciente e a imagem que têm de seus pais terrenos. Da mesma forma Durkheim, ao descrever o sagrado como uma projeção da vida dos grupos ou dos laços sociais. Dito isso, para nós, Deus, o Deus verdadeiro, está sempre para além das representações humanas.

O xeque Ali ben Ahmed, até então calado, levantou-se de sua cadeira, amparado por Amina:

— Senhor Tannier, se me demorei a participar desse debate, não é porque sua apresentação me tenha deixado indiferente. Bem ao contrário. É verdade que existem muçulmanos que não suportam os ateus e os julgam depressa demais. Mas mesmo a esses, precisamos buscar compreender. Em nossos países chamados erroneamente de "muçulmanos" (hoje, nenhum o é de fato), não conhecemos, como no Ocidente, uma crítica tão severa da religião da parte das filosofias atéias. É verdade que houve debates memoráveis em que ateus puderam exprimir seus pontos de vista. Mas nossos grandes filósofos, os célebres *falasifa* helenizantes, que tanto contribuíram para tornar conhecidos no Ocidente os filósofos gregos, foram quase todos homens religiosos. Foi o caso de al-Kindi, de al-Farabi, de Ibn Sina (Avicena) e mais tarde de Ibn Ruchd (Averróis), para citar apenas esses. Mesmo al-Razi, mais familiarmente chamado Rhazès, conhecido por suas ásperas críticas contra os pretensos profetas seduzidos pelo próprio orgulho, não era um materialista no sentido ocidental do termo. Para nós, muçulmanos, Deus é tão importante que qualquer negação de seu Ser nos parece impensável. Isso posto, em nossa *shahada*, nossa confissão de fé islâmica, repetimos sem cessar: "Não há outras divindades senão Alá, Deus". Nosso credo começa com uma negação. Para poder afirmar o Deus verdadeiro, precisamos antes negar os falsos deuses, e principalmente as falsas representações de Deus. *"Allahu akbar"*, repete um milhão de muçulmanos pelo mundo afora. Para os menos instruídos, isso quer dizer que "Alá é o maior", que ele supera os deuses de todas as outras religiões. Mas *"Allahu akbar"* quer dizer que "Alá é maior", que Deus é sempre maior que as representações que nós próprios fazemos dele. Assim sendo, junto-me ao doutor Clément, que acaba de falar. Começo a acreditar, mesmo que essa opinião ainda seja minoritária entre os muçulmanos, que o ateísmo não é necessariamente um inimigo da verdadeira religião.

Com toda calma, o sábio muçulmano se sentou. Christian Clément acrescentou quase imediatamente:

— Não apenas o ateísmo não é necessariamente um inimigo para nós, mas eu diria mesmo que pode ser um aliado em nossa procura de Deus, em toda a sua verdade. O ateísmo é um estímulo que evita nossa paralisia. Lessing disse: "A busca da verdade é mais preciosa que a verdade". Nisso ele tinha toda razão.

Alain Tannier ficou irritado. Ele não gostava da forma como o doutor Clément incorporava o ateísmo à sua fé. Aquilo cheirava demais a apropriação. Mas ele não teve tempo de exprimir o que sentia confusamente em si mesmo. Um jovem do auditório levantara-se com violência. O ritmo de sua fala, muito rápido, revelava a extrema pressão interna que ele não conseguia mais controlar.

Controvérsias

— Deus não está de acordo com os senhores. O senhor Clément não conhece pessoalmente Jesus, que disse no Evangelho de João, capítulo 14, versículo 6: "Eu sou o caminho, a verdade e a vida. Ninguém chega ao Pai senão por mim". Um verdadeiro cristão, renascido, não precisa mais buscar a verdade. Em Jesus, já a encontrou. Quer isso agrade ou não aos outros, ele deve também anunciar-lhes essa verdade. O apóstolo Pedro, no dia de Pentecostes, proclamou: "Não há nenhuma salvação, senão em Jesus; porque debaixo do céu nenhum outro nome foi dado aos homens, pelo qual devamos ser salvos". Isso

está escrito nos Atos dos Apóstolos, capítulo 4, versículo 12. Em outra passagem...
O Sábio interrompeu com firmeza o jovem:
— Senhor, logo o público poderá falar. Se o senhor não concorda em mostrar um mínimo de civilidade e de respeito para com aqueles que não pensam como o senhor, o seu lugar não é aqui. Não tolerarei mais nenhuma intervenção intempestiva como a sua. Doutor Clément, queira terminar o que queria dizer.
— Eu lhe agradeço, mas já havia terminado. Responderei ao jovem quando chegar a minha vez.
— Senhor professor Tannier — continuou o moderador —, deseja nos dizer mais alguma coisa?

O exaltado exclusivismo do jovem corroborava muito mais seu ponto de vista do que o que ele próprio podia dizer como conclusão de sua fala.

— Não, não tenho mais nada a dizer — respondeu ele com toda tranqüilidade.

— Então damos a palavra ao público, depois ao júri. Quem deseja falar?

Na sala, um homem de certa idade levantou a mão:

— Ouvi o professor Tannier com muito interesse. O que me espanta é que, em seu discurso, ele não tenha falado da ciência que, como todo mundo sabe, se opõe à religião. Eu poderia saber o motivo desse silêncio?

Uma jovem pede a palavra.

— Sua pergunta amplia a que acaba de ser feita? — questionou o Sábio.

— Perfeitamente. Não se trata de uma pergunta, mas de uma contribuição. O senhor que acaba de falar certamente não está a par das últimas conquistas do mundo científico. Eu mesma estudei física na Escola Politécnica Federal de Lausanne. E lá uma amiga minha fez uma pequena *enquête*. Ela perguntou a todos os professores do departamento de física se acreditavam em Deus. Se bem me lembro, 60% se disseram crentes e os outros agnósticos. Poucos professores, ou nenhum, se declararam ateus. Quase todos os grandes físicos deste século foram religiosos: pense-se em Einstein, Heisenberg, Max Planck e

muitos outros. Não se deveria portanto dizer, de uma vez por todas, que atualmente as ciências são muito mais humildes e que não se opõem mais às religiões? O professor Tannier resolveu então intervir:
— Agradeço muito às duas pessoas que acabam de se pronunciar. Não conheço os números de que a senhorita fala. Na França, uma pesquisa do *Nouvel Enquêteur* com 239 pesquisadores do Centro Nacional de Pesquisa Científica revelou que 110 deles se diziam crentes, 106 descrentes e que 23 estavam em dúvida. A relação entre ciência e religião é um debate amplo demais para que o aborde aqui. Se não me referi a ele no meu discurso, é porque efetivamente, hoje, muitos cientistas se dizem crentes. Observem que isso não constitui uma prova da existência de Deus porque, fora dos domínios de sua especialização, muitos cientistas podem ser bastante crédulos. O que esse fenômeno revela é que eles têm necessidade de uma visão mais ampla e mais integrada. A meu ver, eles se enganam quando buscam encontrar esse pensamento totalizante nas religiões.

A parábola de um jesuíta

Constatando o avançado da hora, o moderador deu a palavra ao júri para uma última intervenção. O membro mais legalista se pronunciou:
— Observo que o senhor Tannier não atendeu, de maneira articulada e coerente, às exigências do moderador. Talvez não tenha se prendido a elas. Desejo, porém, perguntar-lhe se não teria uma parábola a nos contar.

Alain Tannier nem tentou se desculpar. Sua apresentação não podia entrar nas categorias propostas pelo Sábio. Ele respondeu com simplicidade:
— Não tenho muito jeito para contar parábolas mas existe uma, contada pelo jesuíta Anthony de Mello, de que gosto especialmente.

Percebendo o espanto de uma parte do público, perguntou com um sorriso:
— E por que um ateu não poderia citar um jesuíta? Ouvi um católico dizer um dia que, se há uma coisa que Deus não

saiba, é o que pensa um jesuíta! E visto que os jesuítas se fizeram mestres na arte de nos citar para melhor nos atacar, por que eu próprio não poderia me valer de suas armas? Eis a parábola que contarei à minha maneira:

"Há muito tempo, numa região deserta, as árvores eram raras e a custo davam frutos. Um homem que se julgava 'profeta' transmitiu uma ordem que, segundo ele, vinha de Deus. 'Eis minha ordem para todos: ninguém comerá mais de um fruto por dia. Que se escreva isto no Livro Sagrado. Aquele que violar esta lei será culpado de uma falta grave contra Deus e contra a humanidade.' Ora, considerando-se a época em que viviam e o bem da comunidade de então, a determinação era o próprio bom senso. A Lei foi observada fielmente durante séculos, até o dia em que os cientistas descobriram um meio de transformar o deserto em terra arável. O país se tornou rico em árvores frutíferas de uma extraordinária produtividade. Mas por causa dessa Lei, escrupulosamente observada pelas autoridades religiosas, e mesmo civis, do país, as árvores vergavam sob o peso dos frutos não colhidos. 'Um fruto por dia', estava escrito. Quem quer que denunciasse aquele pecado contra a humanidade (deixar apodrecer tantos frutos) era acusado de blasfêmia. Dizia-se dessas pessoas que ousavam duvidar do valor e da atualidade da Palavra de Deus que eram guiadas por uma razão orgulhosa e incapazes de fé e de submissão, as únicas virtudes capazes de abrir o espírito à Verdade suprema. Como o pretenso 'profeta' já morrera havia muito tempo, ninguém podia interrogá-lo para saber se a Lei ainda era válida, agora que as circunstâncias eram tão diferentes. Por isso, as autoridades religiosas continuaram a exigir que a Lei 'divina' fosse aplicada. Ao longo dos anos, mais e mais pessoas faziam pouco caso da Lei, de Deus e da religião. Outros transgrediam a ordem secretamente, sempre sentindo-se culpados. Quanto aos 'fiéis' que se atinham rigorosamente à Lei, estavam convencidos de que eram melhores que os outros, ainda que obedecessem a um costume insensato e ultrapassado, por não terem coragem de abandoná-lo. Aí está."

Receber uma flor

Não cabendo em si de alegria, o Bufão levantou-se e aplaudiu com entusiasmo.
— Bravo, senhor Alain Tannier! Obrigado pela sua coragem! — exclamou ele, exaltado. — A propósito, o senhor conhece a história de um bispo que perguntou um dia a um grupo de crianças: "Meus filhos e minhas filhas, sabem o que é a coragem?" Como ninguém respondeu, o bispo lhes disse com voz douta: "Pois bem, a coragem é quando vocês estão no dormitório das crianças e ousam saltar prontamente da cama para ajoelhar-se e dizer sua prece antes de dormir... Algum de vocês poderia nos dar um outro exemplo de coragem?", perguntou ele, muito orgulhoso de si mesmo. Timidamente um menino levantou a mão e disse: "Sim, eu tenho um outro exemplo. A coragem é quando num dormitório de bispos um deles, na hora de dormir, ousa pular na cama sem ter se ajoelhado para dizer sua prece!"

E o Bufão continuou: — Senhor Tannier, a sua coragem no meio dessa cova de leões de homens religiosos fortaleceu a minha. Você foi fiel a suas iniciais! A.T., o ateu, muito agradecido!

Tomando Heloísa em seus braços, o Bufão se pôs a executar uma dança ridícula em volta da fonte até que o Sábio lhe ordenou que retornasse ao seu lugar. Quando a calma voltou, este deu por encerrada a primeira competição:

— Nesta primeira jornada de justas, devo agradecer ao senhor professor Tannier e aos outros concorrentes por sua contribuição. Os senhores todos enriqueceram nossa reflexão.

Enquanto o Sábio acabava de falar, o *swami* levantou-se e se dirigiu ao professor. Segurando a flor que lhe havia dado antes, ofereceu-lha recitando estas palavras:

— Um homem sem deus é como uma flor sem terra. Ela murcha não por causa do Absoluto, mas por seu absoluto desenraizamento.

Saudando com respeito o filósofo espantado, o *swami* saiu da sala.

Terminada a primeira justa, os membros do júri demoraram-se ainda algum tempo para atribuir suas notas. Visto que nada havia sido programado para a noite por causa do cansaço das viagens, a maior parte dos "esportistas" e dos espectadores foi dormir cedo.

A primeira noite

O Rei teve dificuldade em dormir. Em sua cabeça, e apesar de todos os seus esforços, muitas imagens fortes se chocavam. A família africana brutalizada, a parábola das árvores frutíferas, a dança estúpida do Bufão, a bela Amina com seu pai cego... e talvez, por sobre isso tudo, o discurso falho que ele balbuciara de forma tão medíocre. A futilidade de seu pesar lhe doía ainda mais. "Estamos reunidos para decifrar nossos sonhos e para determinar que visão do mundo pode dar um sentido ao nosso povo, e eu fico preocupado porque falhei no discurso de abertura da cerimônia!"
O Rei compreendeu o quanto ele se considerava o centro de seu Reino. Como se todos os olhares só estivessem fixados nele. "Mas qual deve ser o centro de meu país? — perguntou-se ele então. — Toda manhã, meu povo se levanta, trabalha, diverte-se, come; todos se entregam a suas ocupações. Depois, quando anoitece, todos voltam a dormir. Não sendo eu o *centro harmonizador*, qual seria ele? Por quê, para quem eles vivem?"
Preocupado com essas questões novas, o Rei teve dificuldade em dormir.
O Bufão estava muito contente com o que acontecera naquele dia. O desempenho de "seu" campeão fora muito além de suas esperanças mais secretas. Feliz, ele pulou em sua cama, sem ter se ajoelhado para dizer uma prece...
Quanto ao Sábio, ele estava muito contente consigo mesmo. Com exceção de algumas interferências incontroláveis de certas pessoas do público, ele conseguira dirigir bem os trabalhos dessa primeira rodada de justas. É verdade que o horário das orações dos muçulmanos não tinha sido considerado na elaboração do programa. Mas o Sábio tinha tomado a firme decisão de levá-lo em conta dali por diante. Excitado e feliz, ele se deitou em paz.
Alain Tannier foi o único que não conseguiu dormir durante a noite. Seu discurso fora bom — e mesmo excelente, segundo o Bufão. Mas será que ele podia realmente levá-lo a sério? O que mais o intrigava era a flor do *swami*. A pessoa que menos

falara foi a que mais o perturbou. Uma flor... a terra... um homem... Deus... A imagem era trivial, por demais simples, quem sabe até ingênua. Mas apesar disso... A argumentação do rabino também o abalara. Deus, não como um Espírito em alguma parte num céu imaginário, mas como um "Movimento orientador" no coração do real. Ele se lembrou então do "Elã vital" em Bergson e da "Função organizadora da vida" em Piaget. Este último, assim como ele, aliás, fora cristão antes de negar essa fé.

Como na parábola que havia contado, Alain Tannier estava convencido de que o aspecto positivo que se podia encontrar em determinados mandamentos religiosos não passava de bom senso justificado teologicamente. De repente, em sua cabeça e em seu coração, o filósofo relacionou esse "bom senso" que tanto amava com o "Movimento orientador" do rabino. Uma dúvida se insinuou em suas convicções. E se, apesar de tudo, o lado positivo na história humana fosse uma espécie de revelação interior desse "Movimento orientador" que, a seu modo, buscaria dirigir a humanidade num sentido... bom? E se Deus fosse não um espírito desencarnado ou fantasmagórico, mas uma espécie de "Vibração de Vida" no coração da humanidade? Mas por que então tantas guerras e ódios? E por que tantas diferenças entre religiões? Só há uma verdade científica, ainda que essa verdade, como na física quântica, possa ser aparentemente paradoxal e contraditória...

Essas questões, como minúsculos mosquitos, importunaram o filósofo até o raiar do dia.

A EXPOSIÇÃO DO BUDISTA

Poupo o leitor de todos os detalhes relativos à organização prática do Torneio. Esses, no entanto, não deixam de ser interessantes. No que diz respeito à alimentação, foi preciso muita versatilidade e sensibilidade da parte dos cozinheiros para contentar todo mundo. Uns não podiam tomar vinho, outros não podiam comer carne de boi ou de porco; um modo de preparo dos alimentos para os judeus, um outro para os muçulmanos. Uma parte dos alimentos foi importada especialmente para as "JO" e, quanto ao resto, bastou a orientação precisa de alguns embaixadores.

Depois de um copioso desjejum, todos se reuniram para a segunda jornada de competições. Quis o acaso que o concorrente budista fosse sorteado. O Sábio abriu a sessão com um breve discurso amistoso, depois passou a palavra ao monge.

Com grande presteza, mestre Rahula, com seu traje de cor ocre, levantou-se e se dirigiu à fonte.

Originário do Sri Lanka, ele viajara muito por terras budistas. Assim, ao longo dos anos, foi se familiarizando com as diferentes escolas do budismo. Do Tibete ao Japão, passando pela Tailândia e pelo Vietnã, ele convivera com muitos mestres que o ajudaram a encontrar seu caminho. Conhecido pelo seu "ecumenismo" e pela profundidade de sua meditação, foi escolhido sem hesitação pelo World Buddhist Sangha, entre os milhões de monges recenseados pela organização.

Rahula se pôs em posição de meditação. Ele manteve essa postura por alguns minutos apenas, mas, para o público menos familiarizado com o silêncio interior que com os ruídos do mundo, o silêncio pareceu interminável. Alguns já começavam a se aborrecer. Outros ouviram pela primeira vez o murmúrio tranqüilizador da fonte.

No júri, um homem ficou irritado. Ele se voltou para o vizinho e resmungou:
— Eu vim aqui para descobrir quem é o Buda e seu ensinamento, e esse homem se fecha num silêncio inútil.

Nesse momento, o monge saiu do silêncio e, com uma expressão tranqüila no rosto, afirmou com voz serena:
— O ensinamento do Buda não se limita a uma filosofia, nem a uma religião, nem a um sistema ético. Mais que uma filosofia, é uma prática; diferentemente de uma religião, ela não apela para uma crença ou um ato de adoração, mas convida a um trabalho sobre o eu; mais que um sistema ético, é um meio de libertação. O budismo é o caminho que leva ao Despertar, ao conhecimento da verdadeira natureza dos seres e das coisas, à libertação radical do sofrimento. Aos que buscavam a Verdade, Buda dizia: "Não confieis no ouvir dizer, na tradição, na autoridade dos textos religiosos, nas suposições, na simples lógica, no que diz um asceta. Mas quando tiverdes visto por vós mesmos: estas coisas são imorais, estas coisas são más, estas coisas são recriminadas pelos sábios, essas coisas, quando praticadas, conduzem à ruína e ao sofrimento, aí então podereis recusá-las. E quando vós mesmos tiverdes visto: estas coisas são morais, estas coisas não são condenáveis, estas coisas são louvadas pelos sábios, estas coisas, quando praticadas, conduzem ao bem-estar e à felicidade, aí então podeis praticá-las".

Como o público parecia estar confuso, o budista enunciou verdades mais acessíveis:
— O Dalai-Lama afirmou: "Os mesmos ideais de amor estão na raiz das principais religiões deste mundo. O Buda, o Cristo, Confúcio, Zoroastro encorajaram, ensinaram acima de tudo o amor. O hinduísmo, o Islã, o jainismo, a lei *sikh*, o taoísmo perseguem um objetivo idêntico. Todas as práticas espirituais têm por objetivo o progresso espiritual da humanidade".

— E já que é assim — continuou o budista —, é bom que estejamos juntos para descobrir nossas respectivas religiões. Asoka, célebre rei budista da Índia que renunciou a toda conquista militar depois de se ter dado conta de seus horrores, mandou gravar na rocha a seguinte inscrição: "Não se deveria honrar apenas a própria religião e condenar as religiões dos outros, mas dever-se-ia honrar as religiões dos outros por uma ou por outra razão. Agindo assim, ajudamos a engrandecer nossa própria religião, ao mesmo tempo em que prestamos serviço às dos outros. Agindo de outra forma, cava-se a tumba de sua própria religião, causando mal às religiões dos outros. Quem honra sua própria religião, condenando as dos outros, naturalmente o faz por devoção à própria religião, pensando: glorificarei minha própria religião. Agindo assim, no entanto, ele prejudica seriamente sua religião. Dessa forma, a concórdia é benéfica: que todos ouçam e se disponham a ouvir as doutrinas das outras religiões".

— Desde então — prosseguiu o budista —, uma sociedade budista é aquela em que todas as religiões e opiniões são respeitadas. Ó Rei, é isso que desejo para o seu país.

Alain Tannier gostou de ouvir aquele discurso. Mas ele não pôde se impedir de pensar na distância que separa o ideal do real. Muitos países de tradição budista não têm essa abertura de espírito. Seja na Birmânia, no Tibete — bem antes da ocupação chinesa —, ou mesmo no Sri Lanka, os monges mostram-se, ou mostraram-se, em muitos casos, bastante refratários à presença de outras comunidades religiosas em seus países. "É verdade que essa desconfiança em relação ao outro, consolou-se o filósofo, é muito mais forte nas outras tradições religiosas."

O fundador do budismo

— Os senhores manifestaram o desejo de que eu lhes falasse sobre o "fundador" do budismo, Siddharta, do clã dos Gautama. Como com certeza o sabem, *Buda* é um título que significa "o Desperto". Antes de sê-lo, era um jovem príncipe da casta dos guerreiros. Protegido por seu pai, vivia na segurança de um palácio. Isso aconteceu no século VI, ou talvez no século V antes da era cristã, no norte da Índia, próximo ao atual Nepal. Com dezesseis anos, casaram-no com Yasodhara, que deu à luz um menino, cujo nome é igual ao meu. Conta-se que quatro encontros perturbaram sua vida bem regrada. Primeiro o encontro com um velho, depois com um doente, com um cadáver, e por fim o encontro com um monge errante. Renunciando então à vida familiar, tornou-se um asceta em busca de uma solução para o terrível sofrimento da humanidade e do universo. Durante seis anos, ele se encontrou com mestres religiosos célebres e se submeteu a práticas rigorosas e árduas. Insatisfeito com esses rigores e convencido de que doravante devia evitar os extremos do prazer e da mortificação, decidiu meditar sob uma árvore até atingir a compreensão final das coisas da vida. Foi então, com a idade de trinta e cinco anos, que ele conheceu o Despertar. Desde esse dia, e durante quarenta e cinco anos, ele se dedicou a ensinar o Caminho que permite sair do sofrimento. Sem descanso, ele ensinou a todas as categorias de homens e de mulheres, independentemente de sua condição social e de sua casta. Sua pregação era aberta a todos, como ainda hoje o é...

Observando que os membros do júri tomavam muitas notas, Rahula se perguntou se esse conhecimento histórico do Buda era uma contribuição real ou antes um empecilho no caminho do Despertar.

Um texto fundador: as Quatro Verdades Nobres

— Há um texto fundador, reconhecido por todos os budistas, que é o sermão das *Quatro Verdades Nobres*. Nessa pregação, o Buda atuou como um bom médico. Ele prega primeiro a *constatação* da doença, primeira Verdade; depois dá um *diagnóstico*: é a segunda Verdade. Em seguida propõe um *remédio*, terceira Verdade; e finalmente indica a *aplicação* desse remédio: é a quarta Verdade. Vou apresentar-lhes e comentar esse texto célebre.

"Eis, dizia o Buda, a Verdade Nobre sobre o *dukkha*." Esta palavra pode ser traduzida por "sofrimento" ou por "impermanência frustrante". "O nascimento é *dukkha*, a velhice é *dukkha*, a doença é *dukkha*, a morte é *dukkha*, estar unido àquilo que não se ama é *dukkha*, estar separado daquilo que se ama é *dukkha*, não ter o que se deseja é *dukkha*, em suma as cinco formas de vínculos são *dukkha*."

Rahula explicou: — Segundo Buda, tudo na vida (do nascimento à morte, dos laços às separações) pode se tornar fonte de frustração. O sofrimento está, pois, por toda parte: quando estamos ligados a pessoas ou a situações de que não gostamos ou ainda quando somos obrigados a nos separar de seres e de objetos que nos são caros. A originalidade da filosofia budista está em considerar que cada "ser" ou cada "eu" é

A exposição do budista   47

uma combinação de forças físicas e mentais em perpétua mudança. Essa combinação dinâmica pode ser dividida em cinco grupos ou agregados: a matéria, as sensações, as percepções, as formações mentais e a consciência. É importante entender que, para nós budistas, não há espírito permanente que possa ser chamado de "eu" ou "alma". Como um rio que corre na montanha sem cessar ou como os inúmeros fotogramas que juntos dão a ilusão de um filme, assim também é nosso "ser". O "EU" ao qual os homens e as mulheres dedicam o essencial de suas energias, a fim de enriquecê-lo e de agradá-lo com o máximo de prazeres, esse "Eu", fonte de todos as afeições e de todas as aversões, não tem nenhuma identidade verdadeira. Mas isso só o sabem aqueles que meditam...
    O Rei não foi o único a se sentir confuso com o discurso do monge. Toda sua educação, assim como toda a orientação de seu Reino, pautava-se pela valorização do "EU". Ter sucesso, ganhar, ficar célebre, desfrutar..., tudo gravita em torno do "EU". O ponto de vista do mestre budista, que ele ainda mal compreendia, lhe causava vertigens.
    — Depois da constatação da universalidade do sofrimento, vem o diagnóstico. "Eis, ó monges, a Verdade Nobre sobre a causa de *dukkha.* É essa 'sede', ou cobiça, que produz a re-existência e o re-devenir, que está ligada a uma avidez apaixonada e que encontra um novo prazer ora aqui, ora ali, isto é, a sede dos prazeres dos sentidos, a sede da existência e do devir, e a sede da não-existência (auto-aniquilação)".
    Continuou o budista: — De onde vem o sofrimento? O Buda é muito claro. Ele nasce da "sede" de apropriação, de posse. Se os soldados de que nos falou o senhor Tannier não fossem presa da cobiça, jamais teriam agredido essa família infeliz. Ora, de onde provém essa "sede"? Da ignorância, que erroneamente leva a crer que existe um "Eu" e que este pode conquistar a felicidade por meio de posses. Enquanto o homem continua escravo de suas afeições e de suas aversões, de uma auto-afirmação e do desejo de aniquilação, ele continua a transmigrar de uma existência a outra. O que importa, doravante, é dar um fim a essa "sede", e esta é a terceira Verdade Nobre: "Eis, ó monges, a Verdade Nobre sobre a cessação completa de *dukkha.*

É a cessação completa dessa 'sede', abandoná-la, renunciar a ela, libertar-se dela, dela afastar-se".
E completou ele: — A força do budismo reside na afirmação de que é possível libertar-se do sofrimento. Como? Pela extinção da sede, pela eliminação de todo tipo de vínculo. Essa extinção da cobiça, do ódio e da ilusão é precisamente o *Nirvana*. E como caracterizar o Nirvana? Ele é indefinível através de conceitos, e como diz o *Lankavatara-Sutra:* "Os ignorantes se atolam nas palavras como um elefante na lama". Pode-se, contudo, sugerir que o Nirvana é a Liberdade, a Felicidade, o Último não condicionado.
Muitos dos presentes já não ouviam o monge. Aquilo era abstrato demais para eles. Rahula citou, então, o grande mestre tibetano, Kalou Rinpoché:
"O ouro do Despertar está no solo de nosso espírito, mas se não o cavamos, ele permanece escondido."

Parábola budista

Desejando colocar-se no nível dos seus ouvintes, ele lhes disse então:
— Ouçam esta parábola. Um dia, um samurai perguntou ao mestre zen Hakuin: "O inferno existe? E o paraíso? Se existem, onde estão as suas portas? E como se faz para lá entrar?" Esse samurai era um simples. Ele não estava preocupado com filosofias e desejava apenas saber como entrar no céu e evitar o inferno. Para responder, Hakuin se valeu de uma linguagem ao alcance do samurai. "Quem és tu?", perguntou ele. "Sou um samurai", respondeu o homem. No Japão, o samurai é um guerreiro perfeito que não hesita um instante em doar sua vida, quando necessário. "Sou o primeiro dos samurais", prosseguiu orgulhosamente o visitante. "Até o Imperador me respeita." "Tu, um samurai?", zombou Hakuin. "Pareces mais um pobre velhaco." Ferido em seu amor-próprio, o samurai esqueceu o motivo de sua visita e desembainhou a espada. "Eis uma porta", disse Hakuin sorrindo. "A espada, a cólera, a vaidade, o ego são as portas do inferno." O samurai compreendeu a lição e guardou a espada. "E eis a outra porta, a do paraíso", acrescentou Hakuin.
O público riu satisfeito.

— O budismo — continuou Rahula — como toda religião autêntica, não é uma questão de doutrinas em que se especula sobre coisas inacessíveis, mas um conjunto de práticas que transformam aqueles que as adotam. Tomar da espada em atos ou palavras, para agredir, para se impor, para defender sua vida, ou, ao contrário, guardá-la, abrindo mão, parando de se prender às coisas, recusando toda afirmação do eu, tal é a alternativa que se apresenta a nós a cada momento. Como praticar então o remédio do Buda? Com isso chegamos, para terminar, à quarta Verdade Nobre.

Prosseguiu o monge: — "Eis, ó monges, a Verdade Nobre sobre o caminho que leva à cessação de *dukkha*. É a Nobre Senda Óctupla, a saber: o caminho correto, o pensamento correto, a palavra correta, a ação correta, o modo de vida correto, o esforço correto, a atenção correta, a concentração correta."

Os oito elementos que favorecem a realização do Nirvana podem ser reagrupados em três ordens: os que derivam da Sabedoria, visão e pensamento corretos; da Ética, palavra, ação e modo de vida corretos; e da Meditação, esforço, atenção e concentração corretos.

Seguiu Rahula: — O verdadeiro conhecimento, o comportamento correto e a meditação adequada são inseparáveis na vida do budista. O *verdadeiro conhecimento* consiste em entender que nem o "eu", nem os "fenômenos" são autônomos ou eternos. Tudo subsiste de forma interdependente, tudo é, portanto, "impermanente", tudo se faz e se desfaz, tudo é "vazio" de uma existência independente e definitiva. "A natureza de todo fenômeno, de toda aparência, é semelhante ao reflexo da lua na água", ensinou Buda. Prender-se aos elementos do mundo é tão vão quanto tomar a lua por seu reflexo. O *comportamento correto* é abster-se da mentira, de toda palavra ofensiva ou vã, conduzir-se de forma honrada e pacífica e exercer uma profissão que não prejudique ninguém. No budismo *mahayana* (o "Grande Veículo", que não se contenta com uma libertação individual mas visa à felicidade de todos), a compaixão por todos os "seres", ignorantes de sua verdadeira natureza oca e escravos de suas diversas pulsões, conheceu um grande desenvolvimento. Quanto à *meditação correta*, ela consiste em uma disciplina que apazigua os estados mentais perturbadores. De acordo com as escolas, os meios propostos variam muito. Para alguns, seria o uso de paradoxos chamados *koan*; para outros, uma meditação sem objeto, que se faz sentado. Alguns depositam sua confiança num Buda externo; outros finalmente interiorizam a energia de uma divindade de meditação. Pouco importam as diferenças. O mais importante é praticar assiduamente a via escolhida.

O monge continuou: — Um dia, Milarepa, célebre budista tibetano, resolveu transmitir seu último ensinamento a seu discípulo Gampopa. Era seu "ensinamento reservado", que ele desejava transmitir apenas àquele discípulo.

Só de pensar em ouvir tal ensinamento, o público prendeu a respiração.

— Milarepa — prosseguiu Rahula — certificou-se por todos os meios de que seu discípulo estava realmente preparado para tal ensinamento. Vendo que estava pronto, um dia o chamou. Depois, sem o prevenir, Milarepa deu-lhe as costas e, levantando a túnica, lhe mostrou... as nádegas! "Está vendo?" perguntou ele. "Ah, sim", sussurrou Gampopa constrangido. "Você viu direito?", repetiu o mestre. O discípulo não sabia muito bem o que deveria ter visto. Com efeito, as nádegas de Milarepa eram ossudas, o que as tornavam meio carne, meio pedra. "Está vendo, cheguei ao Despertar assim: sentado e meditando. Se você deseja algum dia na vida chegar a isso, tenha a mesma energia. Tal é meu último ensinamento, ao qual não acrescentarei mais nada."

Voltando-se para o júri, com um olhar malicioso, o monge Rahula disse para concluir:

— Minhas senhoras e meus senhores, talvez a minha fala tenha sido longa e complicada demais. Sentados comportadamente, os senhores me ouviram com muita paciência. Ainda que Milarepa, como aliás o próprio Buda, tenha chegado ao Despertar depois de um longo período sentado, temo que, no caso dos senhores, qualquer palavra que eu acrescente possa lhes dar sono. Ora, existe coisa pior para um monge budista que anuncia o Despertar que ver seu público dormir? Bem, vou ficar por aqui!

Com uma grande explosão de riso confortador, o encontro foi suspenso, e fez-se uma pausa.

Confrontos

O primeiro a se pronunciar foi Alain Tannier.
— Como ateu, apreciei muito o que o senhor acabou de dizer. Se não estou enganado, o budismo é a única religião (mas seria mesmo uma religião?) que não professa um Deus ou uma Revelação. Não faz nenhuma especulação ociosa sobre o além, mas nos convida a descobrir a *interdependência* ou aquilo que outros chamaram de *relatividade* de todas as coisas. Mas uma questão me incomoda, porém. Há alguns anos, tive a oportunidade de visitar seu país, o Sri Lanka. Apesar de minha descrença, visitei vários templos e especialmente o de Kandy, onde, segundo a tradição, se conserva um dente de Buda. Por toda parte, vi pessoas que pareciam fazer preces a Buda como se fosse um deus, quem sabe até reverenciar seu dente, sendo que ele era o mensageiro da impermanência. Daí a minha pergunta: tudo seria perecível nesse mundo, salvo o dente de Buda?

O monge Rahula sorriu:
— Muitos intelectuais budistas desprezam essa forma de religiosidade popular que o senhor acaba de descrever. Há tão grande distância entre essas práticas e o ensinamento do Buda quanto entre o culto dos santos por parte de alguns católicos e a mensagem dos Evangelhos. Será necessário banir completamente essas práticas? O budismo busca antes adaptar-se a todas as mentalidades. Daí a grande diversidade de práticas que nele se encontram. Desse modo, alguns fazem preces ao Buda (ou a um *Bodhisattva,* isto é, um Ser do despertar que por compaixão renuncia a viver a libertação final para socorrer os outros) assim como outros fazem preces a Krishna ou a Cristo. Ainda que os textos mais antigos do budismo não justifiquem essas preces, o que importa é que cada um avance rumo a um conhecimento justo e à experiência do Nirvana.

O Buda existe?

O Rei, presa de inúmeros tormentos, intervém na discussão:
— Ó, monge, tudo o que dizeis me perturba. Peço simplesmente que respondais à minha pergunta. Se não existe "ser", existe o Buda?

— Um dia, o rei Milinda fez uma pergunta parecida a Nagasena. Vou responder como o fez esse monge. "Quando arde uma grande fogueira, se uma chama se apaga, pode-se dizer que ela estava aqui ou ali? Não, certamente, essa chama cessou, desapareceu. Da mesma forma, não se pode dizer que o Bem-aventurado está aqui ou ali. Mas ele pode ser apontado no *Corpo da Lei*, porque a Lei foi ensinada por ele."

— O Buda Shakyamuni — continuou Rahula —, o personagem histórico do século VI antes da era cristã, tem uma "existência". Para nós ele foi como uma grande fogueira. Nesse sentido, podemos dizer que ele existiu e não existe mais. Ora, pelos ensinamentos que deixou quando morreu, ele continua a existir na Lei, o *Dharma*, a doutrina que penetrou na Ordem do mundo. De forma ainda mais profunda, ele pode ser identificado a um estado de espírito ou ainda à verdadeira natureza de cada ser, a que chamamos *budidade*. Assim, o Buda não é um "ser", fora de nós. A verdadeira identidade de todos nós é, como a sua, impermanente e sem um eu. Daí também o célebre ensinamento do mestre Linji: "Adeptos do Caminho, se desejais alcançar o *Dharma* tal como ele é, não vos deixeis prender às concepções erróneas dos outros. O que quer que encontreis, seja no interior, seja no exterior, matai-o na hora; quando encontrardes um Buda, matai o Buda... Com isso atingireis a emancipação. Se não vos prenderdes às coisas, podereis atravessá-las livremente".

— Por que essas palavras surpreendentes? — seguiu Rahula. — Como ensinou Taoxin, patriarca que deu origem à tradição monástica do zen: "Nada falta em vós, não sois diferentes do Buda". E o mestre Taoxin esclareceu: "Cada um de nós deve conceber claramente que seu espírito é Buda, isto é, que seu espírito é o espírito do Buda... Aqueles que procuram a Verdade tomam consciência de que não há nada a procurar. Não há Buda, mas o espírito; não há espírito, senão Buda. Aqueles que procuram o Caminho nada devem procurar..."

Houve um grande tumulto no salão. Evidentemente, a maioria dos ouvintes não estava preparada para esse ensinamento.

Alguém do júri exclamou:

— O que o senhor diz é ilógico, sem pé nem cabeça! É preciso procurar sem procurar... Somos todos o Buda, mas não existe Buda... Não entendo nada do que nos diz! Que é então o "espírito"? E, se ele não existe, quem é que lhe garante isso?

Preocupado com a perplexidade em que se encontravam aqueles que o ouviam, Rahula levantou-se e lhes disse:

— Sigam-me.

Ele se dirigiu então ao imenso jardim próximo à sala dos debates. Foi necessário um bom quarto de hora para que todos pudessem chegar até lá. E lá, simplesmente, Rahula levantou os olhos ao céu e o contemplou. O infinito dos espaços atraía os olhares...

Depois, com voz forte e serena, clamou, citando Vasumitra, o sétimo patriarca indiano:

— "O espírito assemelha-se ao céu
E para mostrá-lo, recorre-se ao céu
Pois quando se compreende o que é o céu
Nada mais é verdade, nada mais é mentira."

E sem dizer mais nada o monge voltou à sala.

Deus existe?

Então o xeque Ali ben Ahmed interveio:

— Meus olhos terrenos não vêem mais nada. Nem mesmo o céu. Mas eu creio entender o que o monge Rahula quis nos dizer. Da mesma forma que o céu é como um Vazio infinito, assim é toda realidade. Ora, no céu, assim como nas minhas trevas, há uma Luz que vence a obscuridade. Se, de um ponto de vista simbólico, o budismo certamente é a religião do Céu, os diferentes monoteísmos são, pois, religiões do Sol. Não que Deus seja o sol — ele que é infinitamente maior que todo ser criado — ou que habite o céu. Nós muçulmanos, com efeito, nos recusamos a considerar que Aquele que contém os céus possa "estar nos céus", como rezam os cristãos. Mas Deus, o Único, é o Senhor dos Mundos que "faz sair das trevas para a luz" (Corão 2,257). Alá é a luz dos céus e da Terra (24,35) e ele existe eternamente (20,73). Enquanto para vós budistas, nada é imperecível. Vossa religião, aos olhos de muitos muçulmanos,

é uma grave ofensa à imutabilidade de Deus. Mas, dizei-me: Deus existe ou não?
A própria formulação da questão era inconveniente para Rahula. A lógica do "sim ou não" parecia-lhe totalmente inadequada às questões metafísicas. De maneira bastante polida, ele respondeu:
— O Buda Shakyamuni nada disse sobre essa questão, assim como sobre muitas outras. O universo é eterno ou não? Finito ou infinito? A alma é diferente do corpo? O que existe após a morte? Segundo o Buda, o que importa é libertar-se do sofrimento. Assim como um homem ferido por uma flecha a princípio não tem necessidade de saber quem a lançou, de onde veio e como foi atirada, mas antes precisa saber como se livrar daquilo que o fere, da mesma forma os seres humanos têm necessidade de um Caminho que os liberte da angústia e da dor. E não de respostas a questões sem solução.
— Mas Deus não é uma questão sem solução, dado que se revelou como o Senhor imperecível do universo — continuou o xeque.
— Há dois tipos de budistas — tornou o mestre Rahula. — Aqueles que consideram o que os senhores chamam de "Deus" como todos os outros fenômenos, isto é, sem realidade absoluta; e aqueles que o identificam à Verdade última, que é o Nirvana, o Além de toda a impermanência e de todo sofrimento.

A compaixão pelo humano

O rabino Halévy exprimiu, então, seu ponto de vista:
— O silêncio do Buda sobre as questões últimas só o honra. No Talmude, está escrito: "O melhor remédio é o silêncio" (Megillah 18a). As tagarelices metafísicas não mudam o mundo. E o que foi dito sobre a impermanência, também isso podemos compreender. Em nossas Escrituras, o sábio Salomão afirmou: "Sopro dos sopros, tudo é sopro" (Qohéleth 1,2). E o próprio profeta Isaías declarou que o homem não passa de um sopro. A experiência humana é com certeza a da fragilidade e da futilidade. O humano em si mesmo e por si mesmo não tem consistência. A propósito dos orgulhosos, Deus disse: "Eu e ele, não podemos existir no mundo" (Talmude, Sota 5a). Portanto, aquele que vive mal perece. Ora, para todos nós, judeus, o ser

humano, homem e mulher, foi criado à imagem de Deus (Gênesis 1,26). Impermanente em si mesmo, ele é nobre por força daquele que o formou. O budismo, por sua doutrina do *anatman,* da ausência do Eu, não corre o risco de depreciar o valor do homem, sem falar do da mulher? Pelo que sei, Buda resistiu muito à criação de mosteiros de monjas e chegou a dizer que recebê-las na comunidade dos budistas diminuiria sua longevidade à metade.

O mestre Rahula soube reconhecer o valor da intervenção do rabino.

— Toda religião pode degenerar e ser praticada de forma errônea. É verdade que nossas comunidades budistas têm sido dominadas por homens. E, como disse o Dalai-Lama, haverá grandes revisões no que diz respeito ao *status* da mulher no budismo. Quanto à depreciação do humano, há muitas situações que traem uma indiferença inadmissível. A compaixão por todos os seres está, todavia, presente no ensinamento de Buda e foi desenvolvida amplamente pela corrente mahayanista. Eis o que disse o célebre monge Shantideva, chamado Bhusuku, o "homem das três preocupações", porque exteriormente ele parecia preocupar-se apenas em comer, dormir e passear...

O Bufão, que havia algum tempo sentia fome e se perguntava como poderia sair de mansinho da sala para ir comer, foi praticamente acordado pelo monge.

— Mas aí está toda minha filosofia! — gritou ele dando um salto de palhaço.

Rahula ficou surpreso, mas o sorriso do Sábio convidou-o a continuar.

— "Possa eu ser para os doentes o remédio, o médico e o enfermeiro até o desaparecimento das doenças! Possa eu saciar com chuvas de alimentos e de bebidas as dores da fome e da sede e, em períodos de fome, possa eu próprio me transformar em comida e bebida! Possa eu ser um inesgotável tesouro para o pobre e o despossuído; possa eu me tornar tudo aquilo de que eles necessitam, e que essas coisas se encontrem à sua disposição! Entrego este corpo ao prazer de todos; que eles o usem como melhor lhes aprouver, matando-o, injuriando-o ou surrando-o. Que aqueles que me insultam,

me ofendem e me recriminam tenham todos a felicidade de alcançar o Despertar!"
A beleza do texto encantou toda a assembléia. Que uma tal compaixão pudesse ser pensada lhes parecia simplesmente prodigioso... ou louco!
O doutor Clément, assim como os outros, ficou tocado com o ensinamento de Shantideva.
— Devo dizer aqui o quanto, como cristão, o budismo me emociona e me desafia. Como essa história que acabamos de ouvir, há uma história que conta uma das supostas vidas anteriores de Buda e que está impregnada de um amor quase evangélico...
Dentro de si, Alain Tannier sentiu um estremecimento. Ele esperara o momento em que o cristão iria se apropriar do budismo assim como fizera com o ateísmo. Seu tempo de espera foi muito breve. "Por que falar de 'amor quase evangélico' — disse para si mesmo —, em vez de dizer simplesmente 'amor' ou 'solidariedade humana'?"
— Essa história — continuou Christian Clément — é a do Buda que, vendo uma tigresa faminta incapaz de alimentar seus quatro filhotes, ofereceu a si mesmo como alimento, para que, revigorada em seu corpo e sangue, pudesse amamentá-los. A compaixão budista tem certas semelhanças com o amor de Cristo, que se sacrificou por nós...
Felizmente para o professor Tannier, a continuação do discurso de Christian Clément foi mais no sentido da diferenciação.
— Há, porém, uma diferença importante, segundo me parece. Para vós, budistas, a compaixão é inseparável da doutrina da vacuidade, enquanto que para nós, cristãos, o amor humano é ligado ao amor divino por toda a sua criação. "Nós amamos porque Deus nos amou primeiro", disse João na sua primeira epístola (4,19). Vós, budistas, tendes compaixão porque os outros estão na ignorância da natureza última das coisas, porque eles sofrem em razão de sua cobiça. Estes não merecem amor por si mesmos, ou por causa de Deus, mas porque, na sua ignorância do *Vazio*, da impermanência dos fenômenos e do seu "eu", eles sofrem.
— Vejo também — continuou — uma diferença importante entre vossa posição e a minha. Se bem entendi, na concepção

budista do mundo, "tudo o que é relativo é vazio". Ora, na concepção cristã, foi pelo amor ao mundo relativo que "o Absoluto se esvaziou". Deus- Filho se despojou de sua grandeza tomando a forma do homem Jesus, o servo.

O rabino, em profundo desacordo com o dogma da Encarnação, procurou exprimi-lo com um pequeno sorriso de desaprovação. Enquanto se voltava para o xeque, seu olhar se cruzou com o de Amina, que imediatamente baixou o seu... Rahula não desejava abrir um debate estéril.

— O Buda disse: "Assim como a mãe, arriscando a vida, protege seu filho único, deve-se igualmente amar toda coisa viva, amar o mundo inteiro, o que se acha no alto, embaixo e em volta, sem restrições, com uma bondade benevolente e infinita" (Suttanipata, I, 8). É certo que há diferenças de doutrina entre nós, mas o principal não é amar?

— Certamente — aquiesceu Christian Clément. — E também se deixar amar.

Atman ou anatman (Eu ou não-eu), eis a questão

O *swami* Krishnananda ainda não tinha se pronunciado. Todos os olhares se voltaram para ele. Como continuasse calado, o Sábio lhe dirigiu a palavra diretamente.

— O senhor teria alguma coisa a acrescentar? — perguntou-lhe.

O *swami* saiu de seu mutismo:

— O Buda, como eu, era indiano. Todo o seu contexto religioso foi o das filosofias religiosas dos Vedas e da literatura dos *brâmanes,* dos sacerdotes da casta mais alta. Com toda razão ele quis reformá-las em profundidade. Mas não se pode compreender nada do budismo se não lhe conhecemos o contexto histórico. No passado, houve fortes tensões entre hindus e budistas, de forma que durante séculos, pouco depois de Shantideva, o ensinamento do budismo na Índia praticamente desapareceu. Ora, deveis saber que, segundo uma das tradições do hinduísmo, Vishnu encarnou não apenas em Rama e em Krishna, mas também no Buda. Para nós, ele é um *avatar,* isto é, uma "descida" da Consciência divina na Terra.

— Quando um budista — continuou — diz que "Não existe um si mesmo", nós, hindus, o interpretamos da seguinte maneira: tudo o que vemos com nossos sentidos físicos é impermanente porque a Realidade última está além. Em outras palavras, dizemos: "*Isto*, o que é percebido e representado, não é o si mesmo". Contudo, o *atman* indescritível, o Eu imortal do homem existe. Ele é identificado, em nossa compreensão e em nossa prática, a *Brahma,* o Absoluto imutável e eterno.

Rahula sabia que a capacidade de atenção do público há muito tempo se esgotara. A partir daí, nada mais disse.

Quando o Sábio deu a palavra ao público, uma mulher de certa idade começou uma pequena pregação, que o moderador soube limitar da melhor forma.

— É preciso que todas as religiões terminem por se dar as mãos — disse ela com muita convicção. — Que importa que se seja budista ou hindu, judeu, cristão ou muçulmano? Por toda parte, é o mesmo Deus de amor que se manifesta. Por que falar de diferenças quando há tantas semelhanças? É a razão que separa e isola, ao passo que a intuição une e harmoniza. Buda, Jesus, Moisés, Maomé ou Krishna, que importa o mensageiro uma vez que a mensagem é a mesma...

Um membro do júri interveio com suavidade e firmeza:

— Senhora, sua aspiração à unidade é muito louvável. A senhora devia saber, porém, que muitas seitas e muitos movimentos religiosos novos nasceram justamente da vontade de superar as divisões entre confissões ou religiões. Mas como seu critério de unidade é muito estreito e não respeita as reais diferenças entre as tradições, torna-se uma fonte suplementar de divisão e só congrega aqueles que recorrem ao divulgador desse novo ensinamento! Assim nasceram: a Igreja neo-apostólica, a Igreja de Jesus Cristo dos Santos dos Últimos Dias — chamados comumente mórmons — ou ainda as comunidades de Moon, do Mandarom, de Sathya Sai Baba ou dos bahais. Unir, sim, mas não a qualquer custo. A exigência da Verdade está em jogo.

Esse conhecimento das "seitas" e dos "novos movimentos religiosos" por um membro do júri espantou o auditório e ao mesmo tempo o tranqüilizou. Com efeito, aquilo indicava que se podia contar com um bom julgamento ao final das justas.

O Sábio, cansado, disse então:

A exposição do budista   59

— Mais algum membro do júri sente uma necessidade imperiosa de fazer mais alguma intervenção? Seu tom era mais do que desencorajador. Apesar disso, uma mulher de olhar vivo ousou perguntar:

— Em uma frase, como o mestre Rahula resumiria todas essas idéias tão apaixonantes?

Buddhagosha, o mestre indiano, disse: "Só o sofrimento existe, mas não se encontra nenhum sofredor".

Ninguém, com exceção do *swami*, percebeu o veneno dessa citação. Buddhagosha, com efeito, nascera numa família de brâmanes e se convertera ao budismo. Com aquelas palavras, Rahula queria dizer ao *swami* que ele não o deixaria apropriar-se de seu sistema sem resistir. Séculos de debates ferrenhos não se apagam num dia. O *swami* respondeu ao "ataque" do budista com um largo sorriso. E tanto mais largo quanto se considera que ele é que iria tomar a palavra depois do almoço.

Carta com ameaças

Todos se dirigiram a passos rápidos para a grande tenda especialmente arrumada para a refeição. A rapidez com que andavam revelava o quanto tinham fome. A apresentação da manhã tinha não apenas estimulado seu apetite de conhecimento, mas também de alimentos terrenos. Como para compensar o que, aos olhos de muitos, pareciam ser abstrações difíceis de entender.

— O sofredor talvez não exista, mas minha barriga sim — disse o Bufão.

Prisioneiro de sua imagem de *clown*, ele não ousava confessar que o "homem das três preocupações", de cujo nome ele já não se lembrava mais, o havia fascinado. Pode parecer superficial e ainda assim ser extraordinariamente profundo — não era esse o seu sonho mais secreto? O budista lhe havia feito descobrir seu próprio ideal: conseguir exprimir nos gestos mais banais uma mensagem de grande força.

Antes de comer, muitos oraram, fizeram uma bênção ou ainda permaneceram um instante em silêncio. A cordialidade do convívio era bonita de ver. Mesmo o Rei quis comer com seus "desportistas" e seus espectadores. Essa proximidade era um encanto a mais. Em volta das mesas, as etiquetas religiosas tinham perdido toda a sua importância.

Contudo, à hora da sobremesa, um grito de estupefação gelou as pessoas que se encontravam a uma mesa, assim como os que estavam mais próximos. Percebendo a agitação, o Sábio foi ao lugar para onde convergiam todos os olhares. Ele viu então o xeque Ali ben Ahmed profundamente perturbado e controlando a custo uma violenta cólera. Ao lado dele, Amina estava como que aniquilada. Ela entregou ao Sábio uma carta que tinha achado sob seu prato. Como não entendia nada do que estava escrito, o Sábio pediu que a traduzisse. Depois, receando ouvidos indiscretos, pediu que o acompanhassem a uma sala afastada. Sob a tenda, já tinham começado a circular os boatos.

Informados dos acontecimentos, o Rei e o Bufão juntaram-se ao Sábio. Amina, sentada, já não conseguia conter as lágrimas. Seu pai a amparava de forma carinhosa e determinada.

— Que está havendo? — perguntou o Rei.

— Majestade, Amina, a filha do xeque, recebeu uma carta anônima escrita em árabe.

Com a ajuda de um tradutor, eles tomaram conhecimento do conteúdo:

"Indigna filha do Islã! Alá disse ao Profeta — que a paz e a bem-aventurança estejam com ele: 'Dize aos crentes que baixem os olhos, que sejam castos, que só mostrem o exterior de seus adornos, que cubram o peito com véus... Ó vós, crentes, voltai todos para Deus. Quem sabe sereis felizes.' Ora, tu não escondes completamente teus cabelos. E tuas vestes não cobrem completamente os teus membros. Se tu continuares a revelar de forma impudica aos homens a beleza de teu corpo, haverás de arrepender-te pelo resto da vida."

— Mas quem pode ter interesse em vos atacar e perturbar o meu Torneio? — perguntou o Rei, cheio de inquietação.

Com muita tristeza na voz, o xeque declarou:

— Por causa das posições que tenho assumido, tenho recebido muitas ameaças da parte de extremistas que usurpam o nome de "muçulmanos". Mas é a primeira vez que atacam a minha filha. Eles querem nos intimidar, mas não permitiremos que o façam.

O Sábio lembrou-se do escândalo que aconteceu no começo das justas:

— Lembra-se daquele barbudo que, em nome de Alá, manifestou-se contra Tannier? E se isso também for obra dele? Imediatamente a polícia do Reino saiu à sua procura. Decidiu-se que Amina não participaria dos debates da tarde e que ficaria sob guarda, num lugar secreto. De sua parte, o xeque Ali ben Ahmed não quis faltar à sessão e muito menos se deixar abalar pelas opiniões de um fanático. Como se nada tivesse se passado, mas protegido por guardas à paisana, ele se reuniu aos outros concorrentes na grande sala do mosteiro.

A EXPOSIÇÃO DO HINDU

O programa da tarde sofrera um atraso. Todos os que entraram na sala dos debates foram revistados. O Rei queria garantir o máximo de segurança e tremia à perspectiva de ter "seu" Torneio perturbado por atos de violência. No íntimo, ele se perguntava se fizera bem em convocar esse encontro. Jamais teria imaginado que essas justas oratórias poderiam provocar tanta agressividade. Mas agora que todos os concorrentes estavam novamente reunidos, era preciso ir até o fim. Sua reputação e a capacidade de organização de seu Reino estavam em jogo.

— Senhoras e senhores — começou o Sábio —, como os senhores certamente sabem, uma das delegações recebeu uma carta com ameaças. Isso é inadmissível. Estamos aqui para descobrir, com espírito aberto, o que é a experiência religiosa e eis que nos defrontamos com a pior violência que existe, aquela que age em nome de Deus, e além do mais de forma anônima. Esse fanatismo e essa falta de coragem são lamentáveis. Queremos, contudo, continuar os nossos debates e não nos deixar intimidar pela barbárie de alguns. Neste momento passo a palavra ao *swami* Krishnananda, delegado do hinduísmo.

O jovem homem levantou-se. Da mesma forma que os outros concorrentes, ele tinha menos de quarenta anos. Ele era, aliás, o mais jovem de todos e sua juventude era especialmente notável. Nascido em Tiruchuli, no sul da Índia, foi influenciado, como toda sua geração, por Ramana Maharshi, que meditara durante cinqüenta e três anos no monte mítico de Arunachala. Mas, ao contrário do santo homem, Krishnananda desde muito cedo viajara pela Índia. Sua viva inteligência e sua extraordinária concentração na meditação tornaram-no célebre. Alguns chegaram a sugerir que Shankara, mestre supremo de Advaita Vedanta — um dos sistemas hindus mais prestigiosos —, havia se encarnado no *swami*.

Como Rahula, ele se pôs em posição de meditação junto à fonte; mas ficou intencionalmente do outro lado do jato de água. Depois, com uma extraordinária presença, ele pronunciou o mantra "OM", a sílaba mais sagrada da Índia. As vibrações tocaram os presentes nas insuspeitadas profundezas de seu ser.

A parábola dos dois pássaros

Depois de um minuto de silêncio, ele lhes contou a seguinte parábola:
— Sobre uma árvore encontram-se dois pássaros. Um nos galhos de cima, outro nos galhos de baixo. O que se encontra no alto está calmo e majestoso. O pássaro de baixo, ao contrário, está agitado. Saltando de galho em galho, ele bica as frutas, umas doces, outras amargas. Quando bica uma fruta especialmente ruim, ele levanta a cabeça. E o que vê lá em cima? O pássaro brilhante. Aspirando a se parecer com ele, aproxima-se do pássaro brilhante. Depois, esquecendo-se de seu desejo, volta a bicar frutas doces e amargas. Quando um sofrimento mais intenso o atinge, ele levanta a cabeça e contempla novamente o pássaro imperturbável, que está acima de alegrias e de sofrimentos. E assim continua a escalada, até que esse pássaro que estava embaixo se aproxima do outro, fulgurante. Ao chegar bem perto dele, descobre que sua própria plumagem se transformou e começa a brilhar. Quanto mais sobe, mais sente o corpo se dissolver e se fundir na luz. Então, de repente, ele compreende o que se passara. O pássaro que se encontrava em posição inferior não era diferente do pássaro que se encontrava mais em cima. Ele era como sua sombra, um reflexo do Real. Seu erro fora não reconhecer que, por todo tempo, a essência do pássaro de cima era a sua.

Depois de uma pequena pausa, o *swami* acrescentou:
— O pássaro supremo é Brahma, Deus que está para além de todas as dualidades e todavia presente nelas. O pássaro inferior é a alma humana, sujeita às flutuações terrenas das alegrias e pesares, das experiências agradáveis e desagradáveis, das lisonjas e das ameaças.

Com muita solicitude, Krishnananda dirigiu o olhar a Ali ben Ahmed.

— Ora, quanto mais a alma humana se aproxima de sua verdadeira identidade, mais ela se liberta dos conflitos passageiros deste mundo e mais ela entra na beatitude indescritível de Deus.

Voltando-se para os jurados, ele lhes disse:

— Esta parábola de Vivekananda resume vários dos ensinamentos essenciais do que chamais hinduísmo, mas que nós chamamos Sanatana Dharma, a Religião eterna ou a Ordem permanente das coisas. "Que resta de mim depois da morte?", "Quem sou eu?"... Tais são algumas das questões fundamentais que todos se devem fazer. Para nós, hindus, o Eu verdadeiro não é nem o corpo nem a consciência. Escondido em cada um, está o Além de todos os condicionamentos e não é separado de Deus. A experiência religiosa é a descoberta, em todos os seres, do Ser que está para além de tudo. Nós acreditamos que o homem não se move do erro para a verdade, mas de uma verdade inferior para uma verdade superior. É por isso que todas as religiões têm seu valor, porque todas (do fetichismo mais simples ao misticismo mais elaborado) buscam *realizar* o Infinito.

Fundamento do hinduísmo

O *swami* fechou os olhos e respirou fundo.

— No hinduísmo, não existe um fundador, como nas outras religiões. Como uma árvore de muitos galhos, cujas raízes mergulham na mesma terra, da mesma forma numerosos místicos transmitiram sua experiência do Real. Dos primeiros textos védicos (datando de mais de três mil anos) aos escritos contemporâneos de nossos sábios, passando pelas grandes epopéias que são o *Mahabarata* (que inclui o *Bhagavad Gita*) e o *Ramaiana*, assim como as antigas narrativas dos *Purana* e as compilações de leis chamadas *Dharma-Shastra*, delineia-se um mesmo movimento. Aquele que vai do expresso ao Inexprimível, da multiplicidade à Unidade, do transitório ao Imortal, dos condicionamentos à Liberdade. As inumeráveis divindades que os hindus veneram são apenas os vários nomes de uma mesma Realidade última. Brahma, Shiva e Vishnu, com suas esposas

Sarasvati, Shakti e Lakshmi, representam a complementaridade do masculino e do feminino no Absoluto. Eles simbolizam também as Forças que atuam no universo: criação, destruição e preservação, ou ainda inspiração, energia e abundância. Milhares de outras divindades animam nosso panteão. Do populariíssimo Ganesha com cabeça de elefante, invocado para resolver dificuldades, à deusa Ganga, que deu seu nome ao rio Ganges, no qual os hindus gostam de se purificar, essas divindades inspiram nossos mitos e nossos ritos. Erroneamente, alguns consideram que adoramos ídolos. Mas, embora a luz seja uma só, o prisma das cores é múltiplo.

O *swami* observou discretamente o xeque para ver sua reação. — Com efeito, durante séculos, invasores muçulmanos saquearam esplêndidos templos hindus em nome de Alá, que não deve ser representado por nenhuma imagem. — Mas o muçulmano ficou impassível.

— Nós não somos politeístas — continuou. — Na pior das hipóteses podem nos chamar de *monopoliteístas*. Fundamentalmente, sabemos que a Realidade suprema é Una. Em um dos hinos védicos mais célebres, o Rigveda 10,129, eis o que se canta:

"Ainda não havia o ser, não havia também o não-ser nesse tempo. [...] Nem a morte, nem a não-morte existiam nesse tempo, nada que distinguisse o dia da noite. O Uno respirava sem sopro, maduro de si mesmo: não existia mais nada."

Recitando esse texto, o *swami*, mais uma vez, tinha os olhos fechados e encerrara-se em si mesmo. Depois ele continuou:

— No *Ixa Upanishade*, um dos *Upanishades* mais conhecidos e mais caros ao coração dos hindus, está dito: "Possa o Senhor revestir todas as coisas cá embaixo, tudo o que se move no universo em movimento! [...] Único e imóvel, Aquilo vai mais rápido que o pensamento: os deuses não conseguiram alcançá-lo quando Ele corria à sua frente! [...] Aquilo movimenta-se e não se movimenta; Aquilo está longe, Aquilo está perto; Aquilo está dentro de tudo, Aquilo é exterior a tudo". A Divindade suprema reveste assim as máscaras dos deuses e dos humanos, dos animais e dos rios, das montanhas e das danças. Em tudo e por toda parte, ela pode ser vivenciada... Um sentimento de plenitude emanava do discurso do *swami*. Alguns, porém, o escutaram com um sentimento confuso de fechamento. Como se o olhar extraordinariamente abrangente do hindu não lhes permitisse respirar em seu próprio ritmo.

— Brahma — continuou o mestre hindu — é o 1 do camponês russo de que falou o doutor Clément. Ora, o 1 pode ser percebido no 2, no 3, no 4 e no infinito dos números. Ele é o Fundamento que subentende e habita o Todo.

Não conseguindo mais conter-se, o Bufão levantou-se da cadeira e dirigiu-se a Krishnananda gritando:

— "Brahma está em toda parte! Ele está em mim, está em ti, está em tudo. Brahma está por toda parte! Na terra, nos meus versos, nos vermes da terra. Brahma está em toda parte! Na minha cabeça, no meu coração e na minha mão."

E, sem aviso, deu um sonoro tapa no rosto do *swami*. Aproveitando a consternação geral, o Bufão deu vazão à sua indignação:

— Que tolices são essas? Brahma... em toda parte... Você o vê assim nas bofetadas e nas cartas de ameaças? Na violação de crianças torturadas?

O Sábio mandou que o Bufão se acalmasse e voltasse ao seu lugar, do contrário ele seria obrigado a expulsá-lo da sala.

Sofrimento e libertação

Todos ficaram atentos à reação do hindu.

— Os senhores conhecem Tukaram? Esse jovem, de quinze anos, perdeu o pai e, pouco depois, a mãe. Em seguida, ele desposa Rakumabi, que o consola em sua dor. Depois de uns poucos anos de relativa felicidade, começa um período de escassez e de fome. Não havia mais um grão de alimento para ninguém. Sob seus olhos, sua esposa bem amada definha e morre. Depois é a vez de seu primogênito, o pequeno Chantu, que se reúne à mãe na pira funerária... Os hindus conhecem a realidade dos sofrimentos. Não apenas nesta vida, mas também em todas as outras que a precederam. Segundo uma tradição, entre duas reencarnações num corpo humano, há 8.400.000 nascimentos em realidades não humanas, como vegetais, animais ou outras. Ouçam o grito lançado por Tukaram num de seus "salmos":

"Quantos sofrimentos no ciclo das minhas vidas!
Antes de me tornar um feto no ventre de minha mãe,
Oito milhões e quatrocentas mil vezes
saí pela porta do útero;
e eis-me desamparado, mendigo.
[...] Quem sofrerá as minhas desgraças?
Quem sustentará o meu pesado fardo?
Teu nome é o barqueiro dos rios do mundo,
tu corres em socorro de quem o invoca.
É hora de vires correndo a mim,
eu sou, ó Naraiana — Deus no homem —,
um pobre desvalido.
Não olhes as minhas falhas;
Tuka mendiga tua piedade."

Ora — continuou o hindu — em sua imensa dor, Tukaram fará a experiência da liberação oferecida por Viththal (um dos nomes de Vishnu).

"Cantemos em nossos hinos Viththal,
coloquemos Viththal em nossos pensamentos.
[...] Amigo dos sem-amigos,
rio de graça,
ele quebra nossos entraves e nossa morte.
Ao suplicante prosternado
ele concede a libertação:
ele habita a casa dos santos."

Seguiu o hindu: — Imagino que todos tenham ouvido falar do *Bhagavad Gita*, o livro mais famoso de nossa tradição. Sabem que o seu contexto é o de uma terrível guerra fratricida de dimensões inimagináveis? E é precisamente nesse conflito terrivelmente devastador que Krishna vem revelar o caminho da libertação.

E concluiu: — Se nós, hindus, falamos tanto de *moksha*, da libertação, é porque conhecemos intimamente os sofrimentos ligados aos ciclos da reencarnação. Por que alguns nascem mendigos, outros filhos de rei? Por que alguns são exploradores e outros explorados? As respostas que o hinduísmo dá são a lei do *karma*, da causalidade universal, e a do *samsara*, do fluir das existências. Todo pensamento, toda palavra ou todo ato implica frutos ou conseqüências. Um ato caridoso terá reflexos positivos e um ato malfazejo reflexos negativos. A vida de todo ser humano depende de seu *karma* passado. Do que se realiza no presente (o *Prarabdha-karma*) e daquele que ainda não se realizou (o *Sanchita-karma*) e que diz respeito às vidas futuras. Pelas ações que realiza nesta vida (o *Agami-karma*), todo ser humano pode influenciar seu próprio futuro. Não é, pois, indiferente se sua mão bate ou acaricia. Num futuro próximo ou numa vida futura, havereis de sofrer as suas conseqüências ou recolher os seus frutos.

Sem ter compreendido inteiramente a explicação do *swami*, já o Bufão começava a arrepender-se do seu gesto.

— O *samsara* designa, pois, a corrente sem começo nem fim das existências. Enquanto o ser humano não descobre sua verdadeira identidade, isto é, sua unidade com Brahma, ele continua a sofrer o drama da reencarnação. O hinduísmo propõe vários meios para viver a libertação; são as diferentes *iogas*. Os ocidentais conhecem principalmente o *hatha-ioga*, que propõe posturas físicas apropriadas. Mas, de modo mais fundamental, há o *karma-ioga*, que consiste em agir de modo desinteressado, o *raja-ioga*, tão bem descrito por Patanjali em seu *Ioga-sutra*, que consiste em aprofundar a concentração e a meditação, o *jnana-ioga*, que leva ao Último pelo conhecimento e pela análise intelectual, e finalmente o *bhakti-ioga* que, pelo amor, abre à Realidade absoluta. Só o Real verdadeiro é felicidade e plenitude. Ora, o ensinamento dos sábios é que o Real está presente no irreal e que, para aquele que busca, a revelação é possível.

Krishnananda calou-se. A espinha ereta, meditou por alguns instantes murmurando a palavra sagrada "OM" e o voto de paz "Shanti".

A prisão

Na entrada da sala, um guarda agitava-se. Hesitando em quebrar o profundo silêncio da assembléia, ele se decidiu, porém, a passar ao moderador o bilhete que lhe havia sido entregue.

O Sábio o leu e um largo sorriso de satisfação iluminou seu rosto:

— Senhoras e senhores, tenho a alegria de vos anunciar que o desordeiro que prejudicou o nosso encontro está preso. Nossa polícia o encontrou em seu quarto de hotel com uma arma de fogo que, em vão, tentou esconder. Esse jovem, o mesmo que perturbara a abertura de nosso Torneio, é um muçulmano extremista. Em suas bagagens encontramos uma obra de um certo al-Maghili sobre o *jihad*, a guerra santa, acredito. Mas aqui a guerra acabou.

O imã Ali ben Ahmed ficou ao mesmo tempo aliviado e aflito. Aliviado em pensar que sua filha não corria mais risco, e aflito porque, mais uma vez, o verdadeiro Islã era traído por um extremista. Al- Maghili, ele bem o sabia, considerava que era mais urgente fazer a guerra santa contra os irmãos comprometidos com "falsas" doutrinas que contra os próprios pagãos. Ele próprio, mais que sua filha, era o alvo das ameaças. O xeque tinha vontade de explicar à assembléia o que era, na realidade, o *jihad* segundo o Islã e que a esmagadora maioria dos muçulmanos abominava a violência cometida em nome de Alá. Mas, por atenção ao hindu, resolveu esperar sua vez.

Confrontos

— O debate com o *swami* pode continuar — em paz — afirmou o Sábio em tom de vitória. — Quem deseja falar?

Mais uma vez, o primeiro a intervir foi o professor Tannier:

— Como filósofo, gostaria de ter ouvido a apresentação das seis escolas da filosofia hindu, que, segundo penso, chama-se Darsana. Uma delas, a Sanquia, segundo soube, é atéia. Mas entendo que não cabe entrar aqui em muitas abstrações. Parece-me que os senhores afirmam que Brahma é onipresente. Se assim é, como é possível que o hinduísmo tenha podido justificar um sistema social tão injusto como é o das castas? Como é possível, também, se o Absoluto está entre nós, que certos "gurus" possam ter tanta influência sobre seus discípulos, a ponto de às vezes abusar deles sexualmente?

— É no *Manu-Samhita*, o *Livro das Leis de Manu*, entre outros, que estão fixados os fundamentos da sociedade hindu. Esta, com efeito, foi estruturada em quatro varnas, ou castas. Já no Rigveda encontra-se um famoso hino, recitado todos os dias por muitos hindus, onde está escrito a propósito de Purusha, o primeiro Homem do qual a humanidade nasceu:

"Sua boca foi o Brâmane,
de seu braço se fez o Guerreiro,
suas pernas são o Trabalhador,
o Servidor nasceu de seus pés"
(Rigveda 10,90).

Os *brâmanes* — prosseguiu o hindu — são os sacerdotes, os filósofos, os eruditos e os chefes religiosos; os *xátrias,* a casta dos guerreiros e dos chefes políticos; os *vaixás,* são os comerciantes e os camponeses; e os *sudras,* os operários e os servidores. Essas quatro grandes "colorações", ou castas, são ainda subdivididas em múltiplas *jati,* ou categorias, em função dos nascimentos e das profissões. Além desse sistema, não devemos esquecer os *párias,* ou "intocáveis", chamados carinhosamente por Ghandi de *harijans,* os filhos de Deus; sendo que eles próprios preferem chamar a si mesmos de *dalits,* isto é, os homens partidos. Entre os novecentos milhões de indianos, eles somam cento e trinta milhões. A princípio, o sistema das castas tinha por objetivo eliminar os embates da concorrência entre categorias sociais. Cada um, em seu lugar, poderia contribuir para o bem da sociedade e realizar sua vocação específica. Infelizmente, o sistema se enrijeceu e a tomada de poder, em ocasiões sucessivas, veio a provocar muita opressão. Ainda que o governo indiano busque abolir esse sistema, ele se acha arraigado nas mentes.

E continuou ele: — É bom que se saiba, porém, que para um homem verdadeiramente religioso essa organização hierárquica não tem validade nenhuma. Tampouco os rituais, aliás. Nosso grande mestre Shankara disse: "As castas, a observância de normas, os deveres relacionados ao sistema das castas e às diversas fases da existência não são feitos para mim, nem a concentração de espírito, a meditação ou a ioga. A sobreposição do *eu* e do *meu* ao não-ser foi abolida. O que resta, este Uno, Shiva, o Liberto, Eu o sou".

Gurus e cangurus

— E os gurus?

— Também nesse caso existem abusos. Um guru é qualquer pessoa cujo ensino tem "peso". A tradição hindu distingue quatro níveis de gurus: os pais, os mestres profanos, o mestre espiritual e o Guru cósmico, para o qual leva o guru espiritual. O papel do mestre é ajudar a descobrir qual é a boa via espiritual, mas não percorrê-la em seu lugar... e menos ainda enriquecer à sua custa...

O Bufão voltou-se para o Sábio e soprou em seu ouvido:

— Sabe qual é a diferença que existe entre um grande guru mau e um canguru gentil? Nenhuma. Pois ambos amam embolsar!

— Em última instância — continuou Krishnananda — não há diferença entre um guru e um discípulo. Shankara disse também: "Nem mestre, nem ensinamento, nem discípulo, nem estudo, nem tu, nem este universo. A consciência da real natureza do Si mesmo não admite diferenciação. O que resta, este Uno, Shiva, o Liberto, Eu o sou".

Rahula pediu a palavra.

O *swami* hindu, como o monge budista, sentiu todo o peso dos dois mil e quinhentos anos de história sobre aquela discussão. Durante séculos, até o domínio muçulmano e britânico, a Índia fora governada por dinastias ora favoráveis aos budistas, como as dos Mauryas e Kushanas, ora favoráveis aos hindus, como as dos Shungas e dos Guptas.

— Em muitos sermões búdicos, o privilégio das castas e o orgulho dos brâmanes são atacados com veemência. Ora, é certo que muitos monges budistas também abusaram de seus poderes e se encheram de orgulho.

O *swami* sentiu-se apaziguado com a autocrítica sincera de Rahula.

— Eis, porém, minha questão. A doutrina budista da ausência de Si mesmo parece opor-se diretamente à concepção hindu do Si mesmo idêntico ou unido ao Brahma. Nós consideramos que o "eu" é pura disponibilidade sem substância, enquanto vós afirmais que para além do "eu egoísta" há um "EU" universal, um "AQUILO" indescritível. Nossa filosofia é negativa, mas não no sentido que lhe dá o papa em sua obra *Alcançai a esperança*, na qual ele pensa erroneamente que desprezamos o mundo. Ela é *negativa* no sentido de que recusa toda determinação que poderia apreender ou encerrar o Indescritível. *Apreender* é apropriar-se; e toda apropriação pode degenerar em um poder que mata. Enquanto nossos sábios prendem-se a uma atitude e a um discurso de negação e de não-apreensão, os vossos ousam ser afirmativos declarando: "Este Uno, Eu o sou". Ora, essa afirmação do Si mesmo último na vida de um ser humano pode justamente, quando o coração não está purificado, ser a causa de uma arrogância de casta ou de orgulho de um guru. Que achais disso?

— Como já disse ao professor Tannier, tenho de admitir que o hinduísmo, como toda religião ou filosofia, pode veicular idéias que, mal compreendidas, são perigosas. Na Índia e no Ocidente, há muitos falsos gurus que se aproveitam da superficialidade das multidões para enriquecer às suas custas. O verdadeiro sábio recusa toda apropriação. Como o disse Shankara, ele não sobrepõe seu "eu" ao não-ser. O verdadeiro sábio é um místico que deixa o Último exprimir-se por ele. Só o "EU SOU" dito por DEUS pela boca de um homem é verdadeiro e imortal. O ego do homem é passageiro, o *Atman-Brahma* é eterno.

Cara e coroa

— Se entendi bem — interveio Alain Tannier — o hinduísmo e o budismo seriam as duas faces de uma mesma moeda. A doutrina do não-Si mesmo, segundo Buda, parte da experiência humana e com prudência fala sobre tudo o que é experimentado: "Não, isto não é permanente. Não confie nisso!" A doutrina do Si mesmo segundo os hindus parte do Permanente e, prudentemente, diz: "O Permanente pode ser experimentado neste mundo impermanente". O budismo recusa-se a considerar que nosso universo em perpétua mudança tem um valor absoluto e o hinduísmo parte do Absoluto eterno e o decifra no nosso universo que flutua.

O moderador lembrou aos concorrentes que eles deviam falar de forma mais clara e acessível a todos. Alain Tannier, apesar da observação, estava feliz por ter compreendido alguma coisa de essencial. Pelo menos, foi isso que ele pensou.

— Não é tão simples — retificou Rahula. — Quando os budistas afirmam que "nada é permanente" ou que "tudo é impermanente", isso pode significar duas coisas. Seja que o "tudo" só se refere àquilo que se percebe e que existe, portanto, um Imperceptível permanente para além desse "tudo"; seja que o "tudo" se refere realmente ao TUDO, inclusive Deus, os deuses e o Si mesmo dos hindus. Nesse caso, a única verdade permanente é a da impermanência de TUDO.

— É a primeira solução que os hindus adotam — precisou o swami. — Nosso mestre Shankara foi chamado às vezes de "budista disfarçado". Alguns especialistas como Ananda Coomaraswamy consideram que o budismo e o hinduísmo no fundo quase não se distinguem. Para além das palavras, há a experiência. As vacas, independentemente da cor, dão sempre o mesmo leite. A rosa, independentemente do nome que lhe dêem, exala o mesmo perfume.

— Talvez — interveio o xeque. — Mas o leite da vaca não é igual ao da cabra, e o cheiro da rosa difere do cheiro do jasmim. Os muçulmanos tiveram muita dificuldade em entender vossas práticas e doutrinas. Isso é verdade pelo menos no que diz respeito àqueles que se atêm rigorosamente ao texto do Corão e da *Charia,* a Lei Islâmica. Todas as vossas representações de Deus sob a forma de animais ou de humanos, de corpos de mulheres ou de órgãos sexuais, chocaram a sensibilidade islâmica. Alá disse a Maomé: "Dize: É-me proibido adorar aqueles que invocais que não Deus" (Corão 6,56).

Ali ben Ahmed fez uma pausa.

O *swami* se lembrou de todo o sofrimento que chefes muçulmanos causaram a seu povo. Mahmud de Ghazna e Mohammed de Ghor, entre muitos outros, pilharam brutalmente seu país e destruíram milhares de estátuas. Dezenas de templos hindus foram destruídos, e mosteiros reconstruídos a partir das ruínas.

— Talvez seja melhor ter uma representação julgada imperfeita do divino, satisfazendo-se com ela em sua própria

prática, do que ter uma visão do Deus Uno que justifique a destruição maciça das crenças e das práticas dos outros. O xeque surpreendeu-se com a dura observação do hindu.
— Os senhores entenderam mal o que eu quis dizer. Eu estava pensando no que o grande místico muçulmano Jalaleddin el-Roumi ensinou e muitos de nossos pretensos doutores da Lei Islâmica não conseguem entender. Roumi conta um diálogo entre Deus e Moisés, quando este havia repreendido um pastor ignorante: "Dize-me onde estás, para que possa te servir, para que eu arrume teus calçados e te penteie os cabelos", pediRa o pastor. "Infiel!", dissera-lhe Moisés, que estava passando por ali. "Isso não passa de bobagem e de impiedade. Deus não tem necessidade disso. Atribuir-lhe essas necessidades é um verdadeiro insulto." Confuso, o pastor fugiu para o deserto. Foi então que Deus repreendeu seu Profeta: "Acabas de separar de mim um de meus servidores. Foste enviado para unir e não para separar... Nós demos a cada um, um caráter próprio, uma linguagem especial. O que é louvor para ele é censura para ti; o que para ele é mel, para ti é veneno... Encontro-me acima de toda pureza ou impureza. Não criei os seres para tirar proveito deles mas para manifestar minha benevolência para com eles... Não sou purificado por seus louvores; são eles que se tornam mais puros. Não considero o exterior e as palavras, mas o estado do coração e o interior... Porque o coração é a substância e as palavras são os acidentes". Roumi disse também: "O não-ser e o imperfeito são os espelhos da Beleza de todos os seres".
Essas palavras conciliadoras do muçulmano surpreenderam a todos.

A Verdade e o mundo em meio a tudo isso

O doutor Clément pediu a palavra:
— Em cada uma de nossas tradições, há correntes conciliadoras e correntes intolerantes. O hinduísmo parece oferecer uma imensa abertura a todas as tradições religiosas. Isto vos é possível porque considerais o Absoluto como o Centro para o qual convergem todos os caminhos que partem de cada ponto da circunferência, ou ainda como o Cimo ao qual chegam

A exposição do hindu   75

todos os caminhos que sobem a partir da base. Ora, não ignorais que para muitos cristãos, como aliás para muitos muçulmanos, sua religião é entendida como o único caminho para a salvação. Isso pode parecer pretensioso. Mas por vezes, para determinadas doenças, só existe um único remédio, não apenas para aqueles que já estão convencidos disso, mas também para toda a humanidade. Querer, por uma questão de largueza de vistas, tentar todos os remédios pode levar à morte. Como vós reagis àqueles que afirmam que só uma via religiosa é a certa?

— Um hindu digno desse nome — respondeu de forma lacônica o *swami* — não pode absolutizar uma só via. Quem faz isso são os ignorantes.

— E por vezes também as pessoas instruídas? — perguntou Christian Clément. — Pouco importa. Teremos a oportunidade de retomar essa questão.

Depois de um momento, o Sábio sentiu que aumentara a tensão entre os concorrentes. Seria por causa do cansaço? Das diferenças entre suas religiões? Ou simplesmente porque o homem religioso, mesmo sendo religioso, continua a ser um homem?

— Minha segunda pergunta — continuou o cristão — refere-se à relação com o mundo. Na Índia há muitos pobres, em termos materiais. É verdade que no Ocidente também existe a pobreza econômica; o desemprego aumenta de forma inquietante. E estou bem informado sobre isso. Muitas pessoas tiveram de emigrar de meu país, a Suíça, no século passado, para novos horizontes, simplesmente para poder sobreviver. Em nossa relativa prosperidade atual, ainda que, como já disse, o número de desempregados tenha aumentado muito, muitos dos meus compatriotas se esqueceram disso. Dito isso, cabe acrescentar que, para nós, a prosperidade financeira e o bem-estar material não são coisas que mereçam censura. Segundo a Bíblia, o mundo foi criado por Deus e confiado ao homem para que ele possa desfrutá-lo, mas sem abuso. O espiritual e o material são, a partir daí, inseparáveis. Ouvindo-vos, tenho a impressão de que no hinduísmo se dá prioridade a Brahma (e aos brâmanes, os sacerdotes) e isso à custa da existência concreta. Será que estou enganado?

— Tradicionalmente, na Índia, são os místicos que têm mais prestígio que os políticos. Sua sabedoria diz respeito ao Eterno, ao passo que os governantes se preocupam com o passageiro. Com a globalização das relações e o predomínio da economia em todos os níveis, as coisas talvez estejam mudando. Seria porém errôneo acreditar que o hinduísmo só valoriza a busca de *moksha,* a libertação, desconsiderando tudo o mais. Além dessa, ele considera como legítimas três outras finalidades: *artha,* a obtenção de riquezas materiais; *kama,* o prazer erótico e a procriação; e o respeito ao *Dharma,* a Lei Universal. Esses quatro *purusharta,* ou finalidades humanas, são dignos de respeito.

Ouvindo pronunciar a palavra *kama,* alguns espectadores ficaram atentos. Em vão eles esperaram pescar alguns conselhos sobre o erotismo oriental. O que eles ouviram foi um árido discurso filosófico.

— Sem examinar todos os pormenores, as relações entre Deus, o mundo (a que chamamos *Jagat,* literalmente aquilo que passa) e os Homens (ou *Jiva,* os seres vivos encarnados) são complexas. Segundo Madhva, o mundo é eterno e distinto de Deus. O mesmo acontece com o Humano. Segundo Ramanuja, o mundo é uma manifestação da Energia divina. Ele é como o corpo de Deus, e os Humanos são parcelas do Divino, distintas, mas unidas Àquele. Segundo Shankara, na experiência mística última, o mundo e o Humano se dissolvem em Deus. Os ignorantes vêem o mundo como real, quando na verdade é irreal. O mundo é *Maya* (magia, sonho, ilusão e irrealidade cósmica) comparado com a Supra-Realidade do Absoluto.

Tendo dito tudo isso, não penso ter respondido à sua pergunta — continuou ele. — É possível que a Índia tenha negligenciado as condições sociais em que vivem seus habitantes em nome de uma busca espiritual. Felizmente, as coisas mudam. Na minha ordem monástica, Shri Ramakrishna, e na obra missionária a que está ligada, levamos uma vida ao mesmo tempo contemplativa e ativa no campo social. Nossos monastérios têm escolas, orfanatos, hospitais, farmácias e mesmo bibliotecas. O espiritual, ainda que predomine sobre o material, não poderia ignorá-lo.

A origem do mal

O rabino Halévy foi o último a falar:
— Tenho uma pergunta e uma observação. Eis minha pergunta: em nossa tradição judaica (mas isto está presente também no cristianismo e no Islã), o mal produzido pelo homem resulta de uma desconfiança, de uma ruptura de aliança com Deus, de uma revolta que o afasta da Fonte que o faz viver. A salvação, portanto, consiste em reintegrar a aliança com Deus e seu próximo obedecendo às leis divinas. Se vos entendo bem, o mal, segundo os hindus, nasce das ações negativas dos homens, elas próprias nascidas da ignorância. É pelo fato de ter esquecido sua verdadeira natureza, relacionada a Deus ou idêntica a ele, que o homem se enreda em inúmeras existências terrenas. Não quero abordar aqui a diferença fundamental entre a reencarnação em múltiplas vidas e a ressurreição depois de uma só vida, como o professa a maioria dos crentes nos monoteísmos semitas. O que eu não compreendo é por que e como foi possível que o Si mesmo livre e perfeito, que teria vivido em cada um dos seres, tenha sido toldado pela ignorância. Como pôde o ser vivo se identificar com seu próprio corpo, esquecendo-se de sua verdadeira essência? Em uma palavra, se Deus e o Si mesmo são eternos e perfeitos, o que explica o ressurgimento da ignorância e o início do processo do *karma*?

O *swami* admirou a perspicácia do rabino.

— Muitos hindus tentaram dar uma resposta a essa questão, mas nenhuma foi plenamente satisfatória. Vivekananda admitiu humildemente que não sabia o porquê disso. Eu também prefiro me calar.

— Todos temos perguntas sem resposta em nossas religiões e aprecio sua sinceridade. Com certeza é a melhor resposta possível.

— Você ainda tinha uma observação? — perguntou o moderador.

— Ah, sim! Para nós, judeus, Deus é o Criador do mundo, que é diferente dele. O verbo hebraico que evoca essa criação é *bara*, próximo do advérbio *bar*, que significa "fora de". Deus, ao criar o mundo, de certa forma o rejeitou, o expulsou de si, como o faz uma mãe com o filho. Dizer que Deus foi criado *ex nihilo*, do nada, é na verdade reconhecer que o universo foi

expulso do seio do mesmo Deus. Segundo a mística judaica, a cabala, Deus é o Nada original. Ele é também o "Eu" supremo. Ele é, pois, ao mesmo tempo o Vazio de que nos falam os budistas e o Si mesmo que os hindus nos propõem. Aliás, em hebraico "NÃO" e "MIM" são anagramas. O primeiro se diz "AYN" e o segundo "ANY".
O Rei e o Sábio estremeceram.
— Você disse "ANY" e "AYN"? — perguntou o Rei.
— Isso mesmo — respondeu o rabino, surpreso. — Isso o perturba?
— Nós sonhamos — principiou o Rei — e...
O olhar do Sábio pedia que se calasse.
— ... falaremos disso em outra ocasião.
Em sua emoção, o Sábio não passou a palavra ao público ou ao júri. Ele suspendeu a sessão. Depois, recompondo-se, anunciou ainda:
— Como os senhores leram no programa, nesta noite teremos um evento cultural. Músicas e danças típicas de nosso país, assim como das tradições religiosas aqui presentes, serão apresentadas esta noite no Grande Teatro da Cidade. Estão todos convidados.
Foi quase correndo que ele se dirigiu, juntamente com o Rei e o Bufão, a uma salinha afastada da multidão.

ANY-AYN

O Rei e o Sábio estavam agitados. De sua parte, o Bufão mantinha a fleuma. Com um gesto lânguido, acariciou as escamas da cabeça de Heloísa.
— Ele disse "ANY" e "AYN" — suspirou o Rei. — Agora temos certeza de que nossos sonhos não eram fantasmas.
— Seria melhor dizer — retificou o Bufão — que em seus sonhos havia não apenas os seus fantasmas, mas também os do rabino! Talvez ele tenha transmitido essas duas palavras de que tanto gosta por telepatia.
— É grotesco — afirmou o Soberano. — Um rabino que faz transmissão de pensamento e envia mensagens a três pessoas ao mesmo tempo, e isso a milhares de quilômetros de onde reside! Porque você também, Bufão, recebeu uma mensagem.

— Sim, mas a minha vinha do próprio Deus!
— Não ironize. ANY, AYN e Deus, é a mesma Fonte. E visto que foi o rabino que nos falou disso, sua religião deve ser a melhor.

O Sábio refletiu sobre a afirmação do Soberano:
— O Deus dos judeus talvez nos tenha enviado essas mensagens. Mas o que é espantoso é que nelas ele se revela com atributos que os budistas não renegam: Deus como "NÃO" incognoscível e como "EU" supremo. Ele se mostra como uma Pessoa e como o que está para além de toda personalidade. Assim, esse Deus dos judeus não seria totalmente estranho a algumas das intuições próprias às religiões orientais.

— Ainda que a origem dessas mensagens comece a se tornar mais clara para nós — refletiu o Rei em voz alta —, seu conteúdo ainda nos escapa. "Como a lua, teu povo deve morrer." Nenhum dos concorrentes falou disso. E qual era a tua mensagem?

— "Como o povo, o Rei deve morrer. Procurai a agulha e havereis de sobreviver."

— Não avançamos em nada — suspirou o Rei. — E não gosto dessas mensagens de morte. Que vai nos acontecer? Começo a temer...

— Estamos diante de um grave problema existencial — filosofou o Bufão. — Onde, pois, procurar a mensagem da agulha em nossos fardos de feno? Eis a minha resposta: fora com essas mensagens que querem nos enfardar e nos agulhar...

Ele mal teve tempo de se abaixar para evitar o volumoso livro que o Rei lançou em sua direção. Sem insistir, o Bufão saiu da sala.

Amina

Amina ficou aliviada quando soube da prisão daquele que a ameaçara. Ela voltou ao seu quarto, contíguo ao do seu pai. O hotel em que estavam as diferentes delegações encontrava-se praticamente vazio. Quase todo mundo se achava no Grande Teatro. Apenas o Sábio voltara para casa, muito preocupado com o que acabara de acontecer, David Halévy, acometido de uma súbita dor de cabeça, também abandonara o espetáculo.

Amina desfrutava a calma de suas acomodações. No Egito, ela morava no Cairo, na casa do pai. O contraste entre as ruas barulhentas de sua megalópole e a calma do grande parque que rodeava o hotel era impressionante. A lua estava quase cheia e uma doce luz banhava as árvores do jardim. Ela teve vontade de mergulhar nesse ambiente feérico. Como quem toma um banho. Mas ao pensar em seu pai, hesitou. "Já não sou mais uma menininha", disse consigo mesma. "Foi com a minha idade que minha mãe me deu à luz."

Do alto de seus dezenove anos, Amina gozava de algumas liberdades. Mas não tantas quantas gostaria. Até pouco tempo atrás, seu pai ainda lecionava na ilustre Universidade de al-Azhar, e as convenções religiosas e sociais eram um grande peso para seus ombros. Desde que o xeque saiu, ela sentia um certo alívio. Mas por enquanto ainda não ousara emancipar-se mais. Naquela noite, porém, ela decidiu não mais atender aos próprios escrúpulos e resolveu sair. "Desde que eu fique no jardim do hotel, meu pai não se importará", pensou consigo mesma, em silêncio.

Em sua agitação interior, Amina se esqueceu de fechar seu quarto com a chave — coisa de que muito se arrependeu depois. Lá fora, a brisa da noite acariciava seu rosto. E na relva sedosa seus passos regulares eram como uma dança, uma prece...

David Halévy acabara a sua:

"Ó Eterno é rei, o Eterno reinou, o Eterno reinará para sempre.

Porque a realeza está em ti e para sempre reinarás com glória, porque, para nós, não há outro rei senão tu.

Louvado sejas tu, Eterno que reina em tua glória;

Ele reinará sempre sobre nós, sempre e sobre todas as suas obras."

Depois de ter guardado seus filactérios* e seu xale, começou a se preparar para dormir. Abriu a janela e louvou o senhor por ter criado tanta beleza. De repente, ele avistou Amina e fez um movimento de recuo. David tinha trinta e quatro anos e ainda não casara. Essa situação incomum para um rabino tinha se

---

* Filactério: Escrito que os judeus traziam suspenso do pescoço, e onde se podiam ler versículos da lei mosaica. (N.T.)

A exposição do hindu   81

tornado motivo de gracejos por parte de muitos dos seus próximos; esses nunca perdiam a oportunidade de lhe citar trechos do Talmude: "Um celibatário não é um homem" (Yebamoth 63a), ou ainda: "Viver no celibato é tão grave quanto cometer um crime" (Yebamoth 63b). Ele costumava responder-lhes, com toda calma, que era "Deus quem escolhia, para cada um, sua esposa" (Moëd Katan 18b) e que enquanto o Senhor não decidisse, ele continuaria a ser apenas um "amante da Tora".
O jovem fechou os olhos. O olhar que trocara com Amina durante o dia o avassalou. A emoção que sentira então logo fora reprimida. Mas agora, sozinho em seu quarto, não conseguia mais se conter. Lentamente, ele abriu as pálpebras e contemplou a jovem mulher.
Amina andava a passos lentos. Ela deixara seu véu deslizar por sobre os ombros e sua espessa cabeleira negra acariciava seu pescoço. Ela parou para colher uma flor e levou-a aos lábios com uma delicadeza extrema. O olhar de David roçou as faces frescas da jovem e se insinuou em seu corpo. Ele se sentiu como aspirado por uma terra quente e acolhedora... "Adonai me proteja!"
David se afastou da janela. Ele se pôs a recitar rapidamente, do livro dos Provérbios, palavras de proteção: "Para te preservar da mulher corrupta e da língua lisonjeira de uma estranha, não cobices sua formosura em teu coração, não te deixes prender por seus olhares [...]. Se um homem anda sobre brasas não haverá de queimar-se? Da mesma forma, aquele que procura a mulher de seu próximo não ficará impune depois de a tocar". Em seu íntimo, tentou se lembrar do rei David, que foi enfeitiçado pela beleza de Betsabé, e do rei Salomão, desencaminhado por mulheres estrangeiras. Apesar de todos os seus esforços, o rosto e o corpo de Amina o fascinavam. Cedendo à sua obsessão, voltou à janela. Mas o parque estava vazio. Aliviado e decepcionado, ele ficou esperando por longos minutos. Depois ouviu passos ligeiros no corredor: alguém entrava no quarto vizinho. Ele pensou ter ouvido a água do banho correr e vestes cair no chão... Cansado e triste, David Halévy despiu-se e deitou-se. Começou a sentir um misto de vergonha e de aborrecimento. "Como pude me deixar enfeitiçar por essa muçulmana?", perguntava-se ele.

Mas não pôde se lamentar por muito mais tempo porque, da peça vizinha, viera um grito logo abafado. Saltando da cama, ele se dirigiu imediatamente ao quarto e perguntou com voz forte se estava tudo bem. Ele ouviu alguém gritar mas como se a voz estivesse sumida. Sem hesitar, entrou no quarto e lá, na penumbra, viu um homem mascarado maltratando Amina. Lançando-se sobre ele, tentou soltar a jovem mulher. Seguiu-se então um rápido instante de grande tumulto e confusão, até o homem resolver fugir. Durante alguns instantes, David Halévy tentou persegui-lo gritando por socorro. Mas os corredores do hotel estavam vazios e logo o agressor conseguiu fugir. O rabino voltou ao aposento onde acontecera o drama. Viu Amina de pé, num canto, soluçando, cobrindo o rosto com as mãos. Ele se pôs ao seu lado e colocou delicadamente o braço em seus ombros. A camisola da jovem mulher fora rasgada e todo o seu corpo tremia. Espontaneamente, ela se recostou contra aquele que a salvara. Sentindo a doçura de suas formas e perturbado por tanta fragilidade, David a princípio tentou afastar-se. Depois, abandonando-se, tentou consolá-la com doçura e pureza.

Seus corpos só se tocaram por um instante, mas David fruiu um fragmento de eternidade. Súbito, a jovem muçulmana, tomando consciência do absurdo da situação, desvencilhou-se e entrou no banheiro. David Halévy, ainda dominado pela emoção, demorava-se a ir embora. No meio do corredor, seu olhar caiu sobre um objeto que ele não havia notado. Ato reflexo, ele o apanhou. Quando o reconheceu, lançou um grito de estupefação. Discretamente, ele o pôs no bolso e foi comunicar aos responsáveis do hotel o que tinha acontecido.

Logo depois, a polícia estava no local e o xeque foi levado para junto da filha. As perguntas pipocavam e foi preciso repetir muitas vezes a uns e a outros o que se passara. O rabino teve o cuidado de não falar sobre o objeto que achara ao sair do quarto de Amina. Só depois de muitas horas estafantes eles puderam ir dormir. Destacaram-se policiais para velar dia e noite o quarto de Amina e de seu pai.

A jovem não conseguia dormir. Sentia-se magoada, conspurcada, sem forças. Quanto ao rabino, seus sonhos foram povoados de gritos e de cabelos negros. Ele pensou ter reconhecido a si mesmo, vestido com os trajes reais do rei Salomão, dirigindo-se à bela sulamita recitando estas palavras do Cântico dos Cânticos:

"Como és bela, como és suave, amor, ó minhas delícias! Teu porte assemelha-se ao da palmeira, de que teus seios são os cachos."
Quando quis contemplar o rosto da jovem mulher, ficou horrorizado de ver que não era Amina, mas o rei David, que o olhava com um olhar de reprovação e de tristeza...

Consternação

Na refeição da manhã, todo mundo só falava "daquilo". Como o AQUILO do *swami* estava longe de suas preocupações! Os acontecimentos da noite logo foram divulgados pela imprensa local. Ao passo que só umas poucas linhas foram dedicadas aos discursos dos primeiros concorrentes, a agressão foi manchete de primeira página de todos os jornais.

"UM RABINO SALVA A FILHA DE UM IMÃ" era a manchete de um grande diário. Na manchete de um grande jornal sensacionalista lia-se: "ESTUPRO E VIOLÊNCIA NO GRANDE TORNEIO". David Halévy ficou chocado com o teor de muitos dos artigos que saíram na imprensa. Raros eram os que se atinham aos fatos. A maioria especulava sobre quem teria sido o autor do delito, e todos pareciam suspeitar dos "extremistas muçulmanos". A polícia, aliás, não esperara a publicação desses textos para agir. Todos os espectadores de origem islâmica foram detidos e submetidos a um pesado interrogatório. O rabino sentiu na própria pele o quanto o peso dos preconceitos esmagava não apenas sua própria comunidade, mas também a dos muçulmanos.

Ali ben Ahmed, rodeado por seus guarda-costas, entrou pesadamente no salão. Seu rosto estava marcado, quase abatido. Amina fora proibida de se mostrar em público. De qualquer modo, ela não queria ver ninguém. Paralisada pela dor, ela se escondia no quarto. A rigorosa vigilância da polícia local não bastava para tranqüilizá-la, a perspectiva de novas agressões a paralisava.

Quando o rabino entrou no lugar onde se davam os encontros, todos os olhares se fixaram nele. Baixando os olhos, ele se dirigiu ao seu lugar. Por uma fração de segundo, Halévy viu o rosto sereno do monge budista e sentiu-se subitamente incomodado e mesmo indigno. Já havia algumas horas, irrompera um vulcão dentro dele. No dia anterior, escutara com interesse as palavras de Rahula sobre o sofrimento e sobre a causa do sofrimento, principalmente naquela "sede dos prazeres dos sentidos". Intelectualmente, ele pesara os prós e os contras dessa doutrina e a havia serenamente comparado ao ensinamento da Tora. Agora, tudo era diferente. A calma do monge acentuava ainda mais sua agitação interior. Se ontem o rabino se lembrara com mal disfarçado desdém de uma palavra de Buda: "Que pensais vós, meus jovens: o que é melhor para vós? Procurar uma mulher ou procurar a vós mesmos?", hoje ele se sentia confuso. Procurou se tranqüilizar. Um episódio da história do budismo, causa de um dos primeiros cismas, veio-lhe à memória: por ocasião de um concílio, contestado pelo budismo theravada, o monge Mahadeva afirmara que os *arhats*, os santos, também podiam conhecer essas "expansões noturnas", o que os puristas rejeitaram com todo rigor; ora, a maioria teria seguido Mahadeva. "Um monge budista continua sendo um homem — disse consigo David Halévy. — E um rabino judeu *também...*"

Muito emocionado, o Sábio abriu a sessão:

— Ontem, descobriu-se uma carta com ameaças e se prendeu um suspeito. Esta noite, a violência eclodiu novamente, e mais uma vez a vítima foi a filha do xeque Ali ben Ahmed. Felizmente o rabino Halévy pôde intervir e diminuir os efeitos dessa barbárie. Diante de todos, quero felicitá-lo. Em vista desses terríveis incidentes, pensamos em encerrar este Torneio prematuramente. Mas, com a concordância dos delegados, decidimos resistir e não deixar que os fanáticos atinjam seus objetivos. Talvez sua intenção seja mesmo que esse encontro tenha fim. Não vamos dar-lhes esse prazer. Quis o "acaso" que coubesse à delegação muçulmana tomar a palavra. Apesar do drama vivido, o xeque aceitou cumprir o programa. Devemos demonstrar-lhe nossa sincera gratidão.

A EXPOSIÇÃO DO MUÇULMANO

Durante mais de um minuto o público o aplaudiu. O muçulmano ficou em silêncio em seu lugar e esperou o fim das aclamações.

— *Bismillah ar-rhaman ar-rahim.* Em nome de Deus, Misericordioso e Complacente. Islã... Nessa palavra magnífica, há a raiz da palavra "paz" (*salam*), que em hebraico se diz *shalom*. Esta noite, Alá quis que, pelas mãos de um judeu, uma muçulmana fosse salva do pior. *Shalom* e *salam* se deram as mãos.

Mais uma vez, o público aplaudiu com emoção e determinação. Como se procurasse exorcizar seus temores.

— O Islã, convite divino à Paz, hoje infelizmente está sendo traído por aqueles que o invocam. Que Deus lhes perdoe, porque eles não sabem o que fazem.

Essa invocação, tão próxima das palavras do próprio Jesus, intrigou Christian Clément.

— Há pelo menos seis tipos de muçulmanos, mas a opinião pública não conhece essas distinções. Há os muçulmanos *de nome,* tão secularizados que não conhecem mais nada de sua religião. Há os muçulmanos *tradicionalistas* ou *reacionários,* próximos dos poderes políticos nos países pretensamente islâmicos, e que justificam, em nome do Islã, regimes quase sempre injustos e totalitários. Há muçulmanos *revolucionários,* que se opõem a esses regimes corruptos, em nome das palavras do Corão e da *Charia;* para atingir seus fins, alguns não hesitam em recorrer à violência, e mesmo ao terrorismo. Há os muçulmanos *reformistas,* que também querem combater os regimes islâmicos fossilizados e restaurar uma sociedade autenticamente muçulmana; para conseguir isso, evitam recorrer à violência. Há os muçulmanos *modernistas,* que lançam um olhar severo sobre essas diferentes formas de Islã e procuram harmonizar os textos revelados e normativos com uma visão do mundo contemporânea, humanista e democrática. Finalmente, há os muçulmanos *sufis*, aqueles que vão além das palavras, ou antes, entram no seu interior, buscando nelas o espírito, seu sentido oculto, o *batin*; contra os dogmas que matam, eles postulam uma mística que vivifica. O drama do mundo islâmico de hoje é que essas diferentes correntes estão em guerra umas com as outras. Mesmo nossas reuniões estão sendo perturbadas pela violência dessas tensões.

A custo o xeque conseguiu reter um soluço.

A vida do xeque

— Antes de apresentar para os senhores o conteúdo da religião islâmica, permitam-me dizer-lhes algumas palavras sobre minha trajetória espiritual. É verdade que nós muçulmanos não gostamos de falar de nós mesmos, uma vez que a revelação de Deus é que é norma de nossa experiência pessoal. Entretanto, acho que é útil dar testemunho das obras de Alá, relatando alguns episódios de minha vida.

Continuou: — Nasci no Egito, em uma família abastada e pia. As primeiras palavras que ouvi foram as que me foram murmuradas ao ouvido quando nasci e que são as palavras da *shahada*, a profissão de fé de todos os muçulmanos: "*La ilaha illa'llah wa Mohammad rasulu'llah*", "Não há divindade que não Alá e Maomé é o Enviado de Alá". Comecei minha vida terrena ouvindo essas palavras tão melodiosas. Ela haverá de se acabar, se Deus assim o quiser, com essas mesmas palavras, que eu haverei de murmurar em seu louvor. Desde minha mais tenra idade, recitei o Corão até sabê-lo de cor. Agora que estou cego, isso me é ainda mais útil.

Quando adolescente — prosseguiu o xeque —, revoltei-me contra o verniz islâmico que cobriu meu país e contra a sua colonização cultural e econômica pelo Ocidente. Freqüentei a Associação dos Irmãos Muçulmanos e estudei os escritos de seu fundador, Hasan al-Banna, e dos de Sayyed Qotb, que pregavam a violência. Havia em mim um ódio contra todos aqueles que se dizem muçulmanos mas não seguem o que Deus revelou no Corão e na *Charia*. Eu era como o autor dessa carta cheia de ameaças e como o agressor de minha filha: ardoroso e cego...

E contou com emoção: — Pouco a pouco, fui me afastando da ala violenta dos Irmãos Muçulmanos e empreendi estudos teológicos completos na prestigiosa Universidade de al-Azhar. Ao fim de meus estudos, convidaram-me para lecionar na universidade, o que foi para mim uma imensa honra. Dois acontecimentos, porém, iriam transtornar a minha vida. O primeiro foi o acidente de carro que me deixou cego. O choque foi terrível. Achar-se mergulhado em completa treva... Não mais poder ver a luz do sol que banha generosamente nossa Terra, as estrelas que brilham, cada uma com sua fina delicadeza, as cores do universo, com infinitos matizes. E, principalmente, não mais poder contemplar o rosto tão doce de minha mulher e o sorriso tão fresco de minha filha que, conforme me diziam, ficava a cada dia mais bela.

Beleza e Amor

David Halévy corou ligeiramente, mas ficou aliviado quando percebeu que ninguém notara.

— A partir daí — continuou o xeque —, fiquei como obcecado pela beleza de que meus olhos estavam privados. Os amigos me fizeram descobrir os escritos dos *sufis* e principalmente os dos poetas persas. Por eles, foi-me revelado que Deus não era antes de tudo um Senhor rigoroso que exigia uma cega submissão, mas que ele era a Beleza eterna que se reflete nas belezas passageiras do universo.

Com imensa emoção, o xeque se pôs a recitar um poema de Djami:

— "A beleza não pode suportar ficar ignorada atrás de uma cortina; um belo rosto tem horror ao véu e, se tu lhe fechas a porta, aparecerá na janela. Vê como a tulipa, no cume da montanha, fura o rochedo com sua haste, ao primeiro sorriso da primavera, e nos revela sua beleza. E tu mesmo, quando surge em teu espírito uma idéia rara, ficas obcecado com ela e queres exprimi-la pela palavra ou pela escrita. Tal é o impulso natural da beleza em toda parte onde ela existe. A Beleza eterna segue o mesmo princípio e emergiu das santas regiões de mistério para brilhar nos horizontes e nas almas. Um clarão que partiu dela banhou a Terra e os céus. Ela se revelou no espelho dos seres... Todos os átomos que constituem o universo se tornaram outros tantos espelhos, cada um deles refletindo um aspecto do eterno esplendor. Uma parcela de seu brilho caiu sobre a rosa, que enlouqueceu de amor o rouxinol. É a ela que Leila, cujos cabelos enredaram o coração de Mejnoun, deve seus encantos...

"Tal é a beleza que transparece através do véu das belezas terrestres e alegra todos os corações apaixonados. É o amor por ela que vivifica os corações e fortalece as almas. É só por ela, no fundo, que se apaixonam os corações amorosos, quer disso tenham consciência, quer não."

Depois de uma pausa, ele continuou:

— "O coração que não padece do mal do amor não é um coração; o corpo privado do sofrimento do amor não passa de água e lodo... É a inquietação amorosa que dá ao universo seu movimento eterno; é a vertigem do amor que faz girar as esferas.

"Se queres ser livre, sê escravo do amor. Se queres a alegria, abre teu peito ao sofrimento do amor. O vinho do amor dá calor e embriaguez: sem ele não existe senão o gélido egoísmo... Podes buscar muitos ideais, mas só o amor te libertará de ti mesmo... É o único caminho que leva à verdade..."

Todos os ouvintes ficaram perturbados.

— Ouçam também esta história contada por Djami:

"Ouvi dizer que um discípulo procurou um xeque para lhe pedir que o guiasse no caminho espiritual, e o velho lhe respondeu: 'Se teus pés nunca trilharam o caminho do amor, vai e conhece o amor, depois vem me procurar. Experimenta primeiro a taça do vinho das aparências, se queres saborear, em seguida, o licor místico; mas não te demores na estrada das aparências; atravessa essa ponte mais que depressa, se queres chegar à suprema meta'."

O rabino estava emocionado, como se Deus lhe tivesse falado face a face.

— "Só o amor te libertará de ti mesmo." Pouco a pouco — continuou o xeque — senti dissolver-se em mim a rigidez orgulhosa com a qual eu interpretava o Corão e olhei aqueles que não pensavam como eu. Houve um outro acontecimento que acelerou ainda mais esse processo.

Uma noite tive um sonho estranho que até agora só tinha contado à minha esposa — prosseguiu ele. — Eu estava sobre um camelo e acabava de sair de um oásis verdejante. No deserto, fui surpreendido por uma tempestade violentíssima. Quando o tempo amainou, eu estava perdido. Errando pelas colinas de areia e de rochas, fiquei exausto. Já não tinha mais nada para beber e minha boca estava em chamas. Lancei-me por terra, roguei a Alá que salvasse minha vida. Nesse momento apareceu, sob aparência humana, um anjo de luz. Fiquei aterrorizado, mas ele me disse: "Não temas, eu sou Gabriel, mensageiro de Deus. Ele me enviou para te salvar". O anjo trazia nas mãos um livro aberto, do qual jorrava uma fonte de água fresca. Precipitando-me em sua direção, descobri que esse livro era... a Bíblia, a Tora de Moisés e o Injil, o Evangelho de Jesus. Minha reação foi imediata: "Não, jamais! Essas fontes são enganadoras, é melhor morrer".

Como os senhores sabem, os muçulmanos respeitam principalmente os "povos do Livro", judeus e cristãos, os quais, consideram eles, receberam, cada um por seu turno, uma Revelação especial. Mas eles acreditam também que houve modificações nessas mensagens anteriores, que o Corão veio retificar. É por isso que os muçulmanos só lêem a Bíblia muito raramente, sem falar dos textos sagrados das outras tradições religiosas. E quando eles os lêem, é em geral para provar a superioridade de sua própria Revelação.

Continuou Ali ben Ahmed: — Uma palavra do anjo me impressionou: "Não consideres como corrompido aquilo que pode te matar a sede. Bebe o que Alá te dá". Vencendo minha hesitação, aproximei meus lábios da fonte e senti-me revigorar. Depois acordei com uma sensação de frescor em todo o meu ser. Procurei então uma Bíblia e pedi à minha mulher e para Amina que me lessem algumas passagens. Pouco a pouco, compreendi que o que está corrompido, como está dito no Corão (2,75 e 3,78), não é o texto dessas Escrituras mas sim seu verdadeiro sentido, em razão das interpretações errôneas que lhes deram certos teólogos judeus e cristãos. Devo dizer aos senhores também que, há algum tempo, já me interessei também pelo *Bhagavad Gita* hindu, assim como por excertos do *Tripitaka*, textos sagrados budistas.

Com um leve tom de mágoa, o xeque continuou:
— Essas transformações interiores não deixaram de ter conseqüências sobre os ensinamentos que eu ministrava. Antes que aumentasse demais a distância entre o que se esperava de mim e o que eu podia dizer, resolvi sair da universidade. A trajetória de al-Ghazali (que também deixou o ensino tradicional para avançar numa via mais interiorizada) me confortou na minha decisão. Atualmente, é a teologia mística de Ibn Arabi que me abre novas portas. Mas por enquanto ainda não ouso entrar. Que Alá me conduza pelo bom caminho.

Ninguém pôde ficar indiferente ao testemunho do xeque. Mesmo Alain Tannier emocionou-se com a trajetória de vida do muçulmano, principalmente com ausência de rigidez. Ao contrário de tantos dignitários religiosos, que se encerravam de uma vez por todas em seus dogmas, o xeque Ali ben Ahmed estava em movimento. Ele vivia uma real aventura interior que envolvia riscos mas, por isso mesmo, era muito fascinante.

— Como apresentar aos senhores o Islã em poucas palavras? Penso que os senhores devem ter percebido que a palavra "Islã" pode ser compreendida de diferentes maneiras. É preciso distinguir o Islã religião *revelada* e o Islã ou o mundo islâmico, dado de civilização, religião *realizada*. A distância entre um e outro pode ser enorme. O que os senhores desejam conhecer é certamente o que constitui o coração de nossa religião, o conteúdo dessa Revelação. Que Alá me ajude.

O Enviado de Alá

Continuou então o xeque: — Para nós muçulmanos, Maomé (a paz e a salvação estejam com ele) não é o fundador do Islã, mas o enviado e porta-voz de Alá. O Fundador é o próprio Deus. Nosso Profeta habitou a Arábia, em Meca, de 570 a 622 da era cristã. Em seguida Ele emigrou para Medina, onde viveu até a morte, em 632. Essa emigração, ou *hégira*, marca o início do calendário muçulmano, que é lunar. Aliás, no Corão a lua é muito citada (41,37; 10,15; 22,18...), e Rumi chegou a dizer que o Profeta reflete Deus como a lua reflete a luz do sol. O símbolo da lua crescente é importante na mística muçulmana. Ele é a imagem do paraíso e o símbolo da ressurreição.

Ouvindo isso, o Rei empalideceu. "Como a lua, teu povo deve morrer", lembrou-se ele. O próprio xeque surpreendeu-se com a digressão que fizera. Só mais tarde ele compreendeu o motivo.

— O Corão — continuou ele — quer dizer *recitação*. Para nós muçulmanos, ele é a Palavra de Deus que desceu sobre Maomé por intermédio do arcanjo Gabriel. Sua autoridade ultrapassa a de todos os outros textos. Constituído de 114 *suratas*, ou capítulos, e de 323.671 letras, é redigido em árabe, de forma inimitável. O capítulo 112, vigésimo segundo na ordem cronológica, originou-se em Meca. Como disse o xeque Boubakeur: "Esse capítulo, também chamado de Unicidade, está na própria base da teologia muçulmana (*tawhid*), a súmula de sua doutrina, a expressão de sua fé em um Deus absoluto, único, onisciente, onipotente, sábio, livre. Por si só, ele resume o Corão". Ouçam esta Palavra.

A recitação em árabe, pontuada de silêncios de grande intensidade, era impressionante de ouvir.

— Aqui temos uma tradução dela:

"Em nome de Deus Misericordioso
e Complacente.
Dize: Ele [é] Deus único,
Deus o Implorado,
Ele não gerou, nem foi gerado.
Ninguém o pode igualar."

E completou Ahmed: — Boubakeur comenta essa afirmação fundamental com as seguintes palavras: "Esta unicidade de Deus exclui a Trindade cristã, o politeísmo, a idolatria, o panteísmo, a metempsicose, toda prática e toda doutrina contrárias ao monoteísmo mais intransigente, o mais puro, o mais sincero, que é o Islã. Ser muçulmano é estar profundamente convencido da unicidade de Deus e afirmá-lo em todas as circunstâncias".

O doutor Clément, ouvindo o comentário que contrariava frontalmente uma de suas convicções mais íntimas, isto é, o mistério da Trindade, não reagiu. Em compensação, ele já sabia que pergunta deveria fazer ao xeque.

— Para nós muçulmanos — continuou o xeque —, o Islã não é uma religião nova, mas a restauração, em toda a sua pureza, da de Abraão, de Moisés e de Jesus. Ouçam esta palavra do Corão: "Sede judeus ou cristãos e estareis no caminho certo", disseram [aqueles que invocam as Escrituras]. Dize [lhes]: Não é nada disso! [Devemos antes seguir] a religião de Abraão, esse crente sincero que nunca inventou parceiros para Deus. Dizei: Nós cremos em Deus, naquilo que foi revelado a Abraão, Ismael, Isaac, Jacó, às [doze] tribos, naquilo que foi confiado a Moisés, a Jesus, aos profetas pelo Senhor. Não fazemos nenhuma distinção entre eles, e nos submetemos à vontade de Deus" (2,135s). A submissão (*Islã*) a Alá, não servilmente, mas restituindo-lhe amorosamente sua vida, tal é a própria identidade do muçulmano.

Os pilares

Ali ben Ahmed continuou sua exposição: — Cinco pilares fundam sua prática. O primeiro é a *shahada*, a profissão de fé: "Não há nenhuma divindade além de Deus e Maomé é seu enviado". Com essa profissão, o muçulmano afirma sua adesão à última mensagem revelada pelo Deus Uno ao profeta Maomé. Aí ele exprime sua convicção de que a história tem um sentido e de que Deus, depois de ter transmitido mensagens a Moisés e a Jesus, se revelou a Maomé, seu último enviado. O segundo é a prece (*salat*), que dá sentido a cada dia, marcando-o com um ritmo pela evocação do Deus único. O terceiro é a *zakat*, que alguns traduzem como "o imposto social purificador". Dar dinheiro aos necessitados é um ato religioso que inscreve o doador numa relação de reconhecimento para com Deus (nosso dinheiro não nos pertence) e de solidariedade: o que possuímos é para ser partilhado. O quarto é o jejum do *Ramadã*, que é um desvio de um mês em relação à vida normal. Do nascer do sol até o ocaso, os muçulmanos se abstêm tanto de ingerir qualquer substância como de toda relação sexual. É o mês durante o qual eles podem fisicamente exprimir seu desejo de só servir a Alá e sentir também na própria carne o que infelizmente muitas pessoas famintas sentem todos os dias. O quinto e último pilar é o *hajj*, a peregrinação uma vez na vida à Caaba, o santuário sagrado, à Meca.

O sentido desses cinco pilares é claro — prosseguiu. — Trata-se de inscrever na vida pessoal, comunitária e mundial uma orientação libertadora. Professar a unicidade de Alá e a submissão exclusiva a ele é reconhecer que ninguém deve se tornar escravo de um homem ou de um bem deste mundo. É, pois, afirmar sua liberdade diante de tudo o que está contido no universo e a igualdade de todos diante de Deus.

— E principalmente a das mulheres! — exclamou uma voz feminina no auditório.

A expressão do rosto do xeque, perturbada por essa observação, fechou-se por alguns segundos. Depois ele continuou sua apresentação, sem mais se deixar perturbar:

— Professar que Maomé é seu enviado é reconhecer que a história é orientada no tempo, e fazer a peregrinação a Meca e voltar-se para essa cidade para orar é reconhecer que há uma orientação no espaço...

Vários delegados, incitados talvez pela observação crítica que mal tinham ouvido antes, exprimiram também sua reprovação. Jerusalém, Benares, Bodh-Gayâ e tantos outros eminentes lugares espirituais não constituiriam também orientações sagradas no espaço? O xeque logo pôs fim à sua indignação citando um *sufi*:

— "Aquele que mora na Caaba não tem de ir para lá." Para os místicos, a orientação geográfica é antes de tudo um suporte pedagógico para a vida espiritual. É evidente que muitos doutores da Lei discordaram dessa interpretação. Gostaria porém de terminar o que queria dizer.

E concluiu: — Viver a prece quotidianamente é exprimir que o tempo adquire seu sentido em Deus, assim como viver a oferenda é testemunhar que o dinheiro adquire seu sentido na generosidade. O corpo, os bens, o dia, o ano, a história têm como única meta Alá, de quem tudo vem e para quem tudo volta.

O xeque terminou sua apresentação recitando a célebre *Fatiha*, o capítulo que abre o Corão:

— "Em nome de Deus Misericordioso e Complacente.
Louvor a Deus, senhor dos mundos.
Misericordioso e Complacente,
Senhor do dia da retribuição
É a ti que nós adoramos! É de ti que imploramos o socorro!

Leva-nos pelo bom caminho,
o caminho daqueles que abençoaste com tuas graças,
e não o daqueles que não fizeram jus a tuas graças e o
dos desgarrados."

Confrontos

Alain Tannier, mais uma vez, abriu fogo:
— Visto que adquiri o hábito de intervir em primeiro lugar, continuarei a fazê-lo. Como todos os presentes, fiquei emocionado ouvindo o discurso do delegado muçulmano. Minhas críticas se dirigem menos a ele que àquilo que vemos no mundo islâmico contemporâneo. Como é possível que as mulheres (não poderemos ficar indiferentes à sorte da melhor parte da humanidade) sejam tão exploradas em vossos países? Por que os homens exercem tal domínio sobre elas? E que dizer da poligamia? E por que obrigais as muçulmanas a usar o véu?

O ateu continuou sua indagação: — Eis uma outra série de questões candentes para nós ocidentais: uma sociedade realmente leiga é compatível com o Islã? Todos os muçulmanos nos dizem que o Islã não é uma "religião" no sentido de um assunto privado entre um crente e Deus, mas um modo de vida que engloba todas as dimensões da existência. Que lugar reservais, dentro de uma perspectiva como esta, àqueles que, como eu, não têm religião ou que professam uma outra religião? Como é possível que construais, em nossos países, tantas mesquitas, enquanto no Egito os coptas têm tanta dificuldade em simplesmente restaurar os lugares de culto? E que dizer da ausência de locais de celebração para os bahais, os hindus e os cristãos em outras regiões do mundo islâmico? Como justificais a ausência de reciprocidade no que diz respeito ao casamento e à conversão? Com efeito, um muçulmano tem o direito de desposar uma cristã, mas uma muçulmana não tem o direito de desposar um cristão; do mesmo modo, um muçulmano não pode se converter a uma outra religião ou a um outro sistema de pensamento (fazendo isso, sua vida estaria ameaçada), mas as conversões ao Islã são mais do que estimuladas. E por que os países que se dizem islamitas são avassalados por tanta violência e por que, nesses lugares, tão poucos sábios ou filósofos eminentes,

para não dizer nenhum, são reconhecidos pela comunidade internacional? — concluiu Tannier.
Havia alguma coisa de opressivo em todas essas questões. E tanto mais que o público percebeu que o professor Tannier se calou, embora muitas outras questões ainda o perturbassem. Como o xeque poderia defender sua religião depois de ter sido assoberbado por tantas críticas? Com impaciência, o público esperou para ver se, e como, ele se sairia.

Agulha ou tesoura?

Enfiando a mão no bolso, Ali ben Ahmed tirou um objeto minúsculo. Depois ele contou a seguinte história:
— Aconteceu que um rei quis oferecer a um místico muçulmano um magnífico presente. Era uma tesoura de ouro, incrustada de diamantes e de outras pedras preciosas. O *sufi* agradeceu polidamente ao rei, mas lhe disse: "Vosso gesto muito me toca. Infelizmente, não posso aceitar vosso presente. O fato é que a tesoura serve para cortar, separar, dividir. Ora, toda minha vida e todos os meus ensinamentos baseiam-se na aproximação, na reconciliação, na reunião e na reunificação. Dai-me antes, e para minha maior alegria, uma agulha, uma simples agulha..."
O Sábio olhou imediatamente para o Rei, que apertava os olhos estupefato. "Procurai a agulha e vivereis."
— Há duas forças no mundo — continuou o xeque —, uma força de divisão e uma força de reconciliação. A religião autêntica é aquela em que a agulha age para coser. Infelizmente muitos muçulmanos lêem o Corão (a Revelação recitada), a *Sunna* (o conjunto das tradições que transmitem as outras palavras e atos de Maomé) e a *Charia* (a Lei e o Caminho islâmicos) não com uma agulha, mas com uma tesoura. Eles se atêm ao texto literalmente para se justificar contra os outros. Como escreveu um dos primeiros cristãos, o apóstolo Paulo, a palavra sozinha mata, é o espírito que vivifica.
Em relação a todos os assuntos que o senhor acaba de abordar — prosseguiu Ahmed —, é preciso compreender as palavras reveladas recolocando-as em seu contexto. Na época de nosso profeta Maomé (que a paz e a salvação estejam com ele), a condição da mulher foi melhorada de modo considerável.

É verdade que ainda restava muito por fazer nesse campo. Mas não se podia fazer uma mudança completa da noite para o dia; a capacidade de transformação dos seres humanos é tributária do tempo. O que é triste é que muitos dos mulçulmanos, pelo fato de serem pouco instruídos ou por uma preocupação de fidelidade absoluta à letra, querem reproduzir *tais quais* os ensinamentos do Corão. O que eles não vêem é que esses ensinamentos revelados por Alá aplicavam-se aos tempos de Maomé... e naturalmente à nossa época, desde que nos inspiremos não nos comportamentos sociais definidos por esses textos, mas nos progressos que eles representaram para sua época. Reconhecer que o Corão é perfeito não significa dizer que devamos reproduzir sem refletir o conteúdo de todas as suas palavras, mas antes nos deixar mover pelo dinamismo que nelas havia... e ainda pode haver. O mesmo pode ser dito em relação a todos os problemas que o senhor levantou, e também em relação a todos os que o senhor não mencionou: a plena igualdade entre o homem e a mulher, sem minimizar as diferenças entre eles; o respeito das minorias e das outras tradições religiosas, uma real liberdade de crenças, sem entretanto ferir a dos muçulmanos; um padrão de relações que exclua a violência física como meio para atingir seus objetivos... Também eu sonho com aquela época em que brilhavam matemáticos, físicos ou médicos como al-Khawarizmi (inventor da álgebra), al-Haytham ou al-Razi. Ainda está por fazer um enorme trabalho de releitura do Corão, da *Sunna* e da *Charia*. Mas por causa da pressão de uma minoria de grupos extremistas, qualquer um que se dedique a essa tarefa corre sérios riscos.

O filho de Deus e Deus-Filho

A essa altura, o doutor Clément interveio na discussão:
— Agradeço de todo coração ao xeque por sua resposta. Como cristãos que somos, defrontamo-nos com as mesmas questões. Nossos textos sagrados também contêm passagens que, entendidas literalmente, são anacrônicas e até perigosas. Fico feliz em descobrir que também no mundo islâmico se está procedendo a uma releitura inteligente e humanista, ainda que ela seja árdua para aqueles que a fazem. Mas a releitura a que o senhor se refere parece dizer respeito principalmente a questões

sociais, tais como o papel da mulher, o respeito pelas minorias, etc. Ora, uma tal releitura não deveria ser aplicada a temas mais teológicos? Eu me explico. Entre cristãos e muçulmanos, há catorze séculos de contencioso. O senhor afirma que Jesus é um Profeta, que ele nasceu da Virgem Maria, que ele operou milagres que o próprio Maomé não realizou, que ele é o Messias e mesmo, segundo uma afirmação de Maomé, que ele voltará no fim da história. De certa maneira vocês estão muito próximos de nós. Ao mesmo tempo, vocês negam a Trindade, que Jesus seja Filho de Deus, que ele tenha sido crucificado, que tenha ressuscitado e que, morrendo em nosso lugar, garantiu o perdão das nossas faltas. Aparentemente, um fosso nos separa. Entendidas literalmente, nossas duas Revelações se excluem mutuamente, e isso quer dizer que também seus fiéis só podem ser ferrenhos antagonistas. No Novo Testamento está escrito: "Eis o Anticristo, aquele que nega o Pai e o Filho. Todo aquele que nega o Filho não admite o Pai. Todo aquele que proclama o Filho proclama também o Pai." (I João 2,22-23). E mais adiante: "Nisto se manifestou o amor de Deus para conosco: em ter enviado ao mundo o seu Filho único, para que vivamos por ele... Deus nos deu a vida eterna, e esta vida está em seu Filho. Quem possui o Filho possui a vida; quem não tem o Filho não tem a vida" (I João 4,9; 5,11-12). Para um cristão, Jesus é o Filho de Deus. Todos os seus textos sagrados o afirmam. Para um muçulmano, Jesus não é o Filho de Deus, porque Deus não é um "Pai". Alá nem gerou nem foi gerado (Corão 112,3). Diante de tal contradição, só há duas possibilidades. Seja negar a posição do outro, dizendo que é inspirado por Satã ou que suas Escrituras foram alteradas, seja reler com respeito os textos para superar os mal-entendidos reais. Nem vós nem nós estamos prontos a considerar que nossas Escrituras reveladas são "falsas". Para viver juntos, estamos condenados a reinterpretá-las, e mesmo a nos surpreender com o enriquecimento que uma releitura pode trazer.
 O xeque havia escutado o cristão com muita atenção. Mas ele relutava em ir tão longe:
 — No Corão está escrito: "Quando Deus perguntou a Jesus, filho de Maria: 'Foste tu que disseste aos homens que considerassem, a ti e a tua mãe, duas divindades acima de Deus?' 'Glória a ti', disse Jesus. 'Não, eu não poderia dizer aquilo que

para mim não constitui uma verdade. Se eu tivesse dito isto, tu o saberias! Tu sabes o que está em mim, enquanto eu ignoro o que está em ti. És tu, em verdade, que conheces, no mais alto grau, o desconhecido. Eu só lhes ensinei o que me mandaste ensinar, isto é: Adorai a Deus, meu e vosso Senhor'" (Corão 5,116-117). Devemos, pois, reconhecer que vossa Trindade é incompatível com o monoteísmo de Abraão, de Moisés, de Maomé e mesmo de Jesus.

— Permita-me utilizar a vossa leitura contextual de ainda há pouco — disse o doutor Clément. — Como cristão, posso reconhecer que Maomé foi enviado por Deus para corrigir o politeísmo de seu tempo e, quem sabe, até as heresias professadas pelos cristãos de então. Na época de Maomé, muitos cristãos eram "triteístas"; eles acreditavam que Deus era uma família de três seres divinos: Deus Pai, que, com Maria, a Mãe, teria sexualmente gerado Jesus, o Filho. Uma tal "trindade" é inaceitável e deve ser contestada com todo vigor. E o Corão a condena com toda razão. Mas essa "trindade" não é a dos cristãos! Também para nós, Deus é Uno e Único. Aliás ele é Único em tudo: em sua capacidade de criar a partir do nada, em sua justiça sem parcialismos, em seu amor incomparável. Ele é Único até em sua maneira de ser Uno! Deus é sempre maior que nossos ídolos. E a "Unidade" concebida por nosso espírito pode também se tornar una! A Trindade, tal como a compreendemos, é como as três dimensões inseparáveis do Espaço que é Um: a altura, o comprimento e a largura não formam três Espaços diferentes.

— Mas afirmais que 1+1+1 = 1!

— Se tivéssemos de falar em números para falar da Trindade, com certeza não diríamos isso! E muito menos: 1/3 + 1/3 + 1/3 = 1! Mas antes: 1 X 1 X 1 = 1! Deus "Pai", o primeiro "1", é a Fonte primeira e invisível de tudo; enquanto tal, ele escapa ao nosso conhecimento. Deus "Filho", o segundo "1", é sua Imagem, seu Reflexo, sua Exteriorização, seu "Retrato". Deus "Espírito", o terceiro "1", é o Sopro de amor que os une e que busca levar a humanidade a essa comunhão. Reconhecer Deus como Pai é reconhecer que Deus está muito além de nós, que jamais poderemos tocá-lo. Reconhecer Deus como Filho é reconhecer que Deus se aproxima de nós, que ele se torna visível e audível. Reconhecer Deus como Espírito é reconhecer que Deus entra em nós, que ele nos transforma a partir de nosso interior a fim de que possamos conhecer o Incognoscível. Portanto, Deus é ao mesmo tempo transcendência, presença e imanência; é ao mesmo tempo infinito, próximo e interno. Assim, o Deus da Bíblia é uma Comunhão sem indistinções nem exclusão.

O xeque estava perplexo.

O cristão continuou:

— Para nós, cristãos, dizer que Deus é Trindade, ou melhor, "Tri-unidade", é dizer que ele não é homogêneo e estático, uma vez que nele há exteriorização e síntese. Mas tudo isso é filosófico demais. Outro dia vos vi segurar a mão de vossa filha muito suavemente, e sorríeis um para o outro com um imenso carinho. Eu vos vi como um reflexo da Trindade! Vossa filha, não sendo vós, procede de vós. Ela se parece convosco, como o Filho se parece com o Pai. A ternura espontânea que existia entre vós era a própria imagem do Espírito Santo, que alguns teólogos ortodoxos chamaram o Beijo entre o Pai e o Filho. Toda a linguagem que usamos para falar de Deus é inadequada, mesmo as palavras "Unidade", "Ser", "Realidade suprema", "Misericórdia". A imagem menos imprópria para evocar Deus, dizem os cristãos, é esse amor substancial que vibra entre um pai, ou uma mãe, e seu filho.

O Sábio, com razão, lembrou ao doutor Clément que não era ele que estava sendo questionado, mas o xeque, e que posteriormente ele teria a oportunidade de desenvolver as suas teses. O próprio Ali ben Ahmed, perturbado pelo que acabara de ouvir, invectivou o cristão:

— Mas e a crucificação de Cristo? O Novo Testamento e o Corão não são inconciliáveis no que diz respeito a isso? Eis o que se diz em nossa Revelação: "Nós os maldizemos também por sua descrença e pela horrível infâmia que levantaram contra Maria. Nós os maldizemos também por terem declarado: 'Nós matamos o ungido Jesus, filho de Maria, mensageiro de Deus!' Eles não o mataram, nem crucificaram; tudo não passou de um arremedo. [...] Bem ao contrário, Deus o alçou ao céu, porque Deus é poderoso e sábio." (Corão 4,156-157).

— Visto que o xeque me faz uma pergunta, vou responder. Há uma interpretação "tesoura" e uma interpretação "agulha", para retomar a bela imagem que nos apresentastes. Segundo uma leitura de tendência divisionista, um cristão dirá que Maomé foi influenciado pelos cristãos ditos "docetas", que consideravam que Jesus não tinha senão um corpo aparente e que, portanto, não podia morrer; Basílides, no século II, ensinava que Simão Cirineu foi crucificado em lugar de Jesus. Maomé, seguindo esse ensinamento pseudocristão, teria deixado influenciar-se por essa falsa doutrina e quem sabe até pelo diabo. Segundo uma outra leitura, sustentada também por certos exegetas xiitas, esse texto não nega a morte de Jesus. Ele não se dirige aos cristãos mas a certos judeus do tempo de Jesus, que pensavam poder pôr um fim à ação de Deus, por meio de Jesus, crucificando-o. Com isso Deus afirmaria, contra os judeus de então, que Jesus não foi morto, nem crucificado, uma vez que ele superara a morte e a crucificação, tendo sido elevado por Deus, isto é, ressuscitado!

O xeque ficou surpreso com essa interpretação, mas não quis refutá-la sem reflexão. Interiormente, ele se alegrou de ouvir um cristão que conhecia tão bem o Corão. Aquilo reforçou sua própria decisão de melhor conhecer a Bíblia. Com efeito, se esses textos vinham efetivamente de Deus e se apenas as interpretações de determinadas Igrejas eram distorcidas, então, como o próprio arcanjo Gabriel lhe dissera, ele não deveria considerar como corrompido aquilo que podia matar a sua sede.

Deus em tudo?

O *swami* pediu a palavra:
— Acabais de ter uma longa discussão com o doutor Clément sobre a Trindade. Ora, o comentário do xeque Boubakeur citado por vós critica também, em nome da Unidade de Deus, o politeísmo e o panteísmo, duas doutrinas que os muçulmanos parecem atribuir aos hindus. Contudo, em vossa tocante citação de Djami, fica bem claro que a eterna Beleza se revelou no espelho dos seres, e mesmo que este mundo é a "morada das aparências". No final das contas, talvez nossos místicos e os vossos não estejam tão distanciados uns dos outros. Ramanuja utilizou

essa bela imagem da Realidade suprema que se faz ao mesmo tempo Pássaro e ninho, Criador e criação. Que achais disso?

— É difícil falar da mística — admitiu Ali ben Ahmed —, visto que é tão diversificada. Infelizmente conheço *sufis*, místicos muçulmanos, muito autoritários e cujo ensinamento desencaminha as pessoas. Entretanto, a mística, juntamente com a ação ética, é talvez o único caminho que nos aproxima. Quando dois amantes contam poeticamente a experiência de "fusão" de seus seres, sua linguagem é falsa para aqueles que a analisam do exterior, de forma "objetiva": dois corpos não podem se "fundir". Porém, na consciência de um e de outro, no momento da experiência íntima, não existe mais mim e ti, homem ou mulher, mas um bem-estar para além do espaço e do tempo.

Continuou o xeque: — O discurso dos místicos sempre se chocou com o dos juristas. O muçulmano Mansur al-Hallaj foi crucificado por ter afirmado: "Eu sou a Verdade"; segundo os doutores da Lei Islâmica, era um pecado de *shirk*, de idolatria, de associação de algo humano com o divino. Ora, Roumi contou esta bela anedota: "Um homem bate à porta do Amigo. 'Quem é?' 'Sou eu.' 'Aqui não há espaço para dois', responde a voz. O homem vai embora e passa um ano na solidão. Quando ele volta: 'Quem é?' pergunta a voz. 'És Tu, ó Bem-Amado.' 'Já que sou Eu, que Eu entre! Não há lugar para dois *eu* numa casa'." Amorosamente, a diferença entre o Eu humano e o TU divino pode ser superada, ainda que, na realidade, a diferença subsista. Ibn Arabi, talvez mais do que qualquer outro muçulmano, lançou uma ponte em direção a isso que acabas de dizer de Ramanuja. Segundo ele (mas é-me difícil acompanhar seu pensamento), no princípio havia apenas uma Realidade confusa. Por amor e desejando conhecer-se, esta teria se diferenciado em um Criador e a criação. Hoje, para o ser humano, a unidade original pode ser reconstituída.

E finalizou: — A mística muçulmana, sem pretender ser tão ousada, pode aceitar, como os místicos judeus e cristãos, penso eu, não que Deus seja tudo, mas que tudo esteja em Deus.

Uma religião de violência?

— Mudando de tema, tenho duas questões para fazer-vos — disse então o monge Rahula. — Como os *jainistas* (discípulos de Maavira, contemporâneo indiano de Buda), nós os budistas damos uma grande importância ao *ahimsa,* a não-violência. O respeito absoluto a todo ser vivo é um de nossos princípios fundamentais. Como é possível que o Islã gere tanta violência?

— Deveis estar pensando no *jihad,* imagino... O xeque sentiu uma vez mais todo o peso das confusões provocadas pelo extremismo de alguns de seus correligionários.

— Segundo sua etimologia, a palavra *jihad* significa "esforço para atingir um objetivo". Todos os muçulmanos são chamados a fazer um "esforço no caminho de Deus". É verdade que, na história, um desses "esforços" pode ter sido um esforço militar, fosse para defender um domínio muçulmano contra agressores, fosse para abrir ao Islã um país que recusara um convite pacífico para abraçá-lo. O Corão, entendido literalmente, pode justificar muitas violências. Como de resto a Tora dos judeus. Pensemos nas guerras de Moisés, de Josué, de David e de tantos outros reis de Israel... Os espiritualistas distinguiram o "grande *jihad*", o combate espiritual, do "pequeno *jihad*", que é o combate militar. Em muitos países islamizados, o grande *jihad* consiste atualmente em lutar contra o subdesenvolvimento e em promover as condições de uma vida humana digna desse nome. Mas enquanto houver em nossos países taxas tão elevadas de analfabetismo, haverá *molás* para fanatizar as multidões em nome do *jihad.*

O Sábio ia intervir para lembrar que o nazismo, uma das piores barbáries da história da humanidade, nasceu não em um país de analfabetos, mas antes no seio de um dos povos mais cultos do planeta. A educação por si só não basta para proteger dos desvios mais diabólicos. Mas já o budista havia retomado a palavra:

— Minha segunda pergunta trata apenas de uma questão de pormenor. Como sabeis, esta noite teremos lua cheia. Ora, nos países de tradição Theravada, nós sempre celebramos Vesak, nossa festa religiosa mais importante, no mês de maio, quando é lua cheia...

O Rei e o Sábio, mais uma vez, empalideceram. Eles tiveram seus sonhos exatamente um ano antes, na lua cheia.

— Com essa festa, comemoramos ao mesmo tempo o nascimento, o Despertar e a passagem do Buda histórico ao *parinirvana,* à extinção total. Por que também vós, como muçulmano, associais a lua ao "paraíso"?

— No Islã, o quarto crescente tem um papel importante. Em árabe, o "N", o *noun,* assemelha-se à lua crescente com um ponto em cima. Ora, *noun* pode significar "peixe", e segundo uma parábola do Corão, ele é o símbolo da vida eterna. O crescente é também o símbolo de ressurreição, porque é uma figura ao mesmo tempo fechada e aberta, assim como o homem, fechado na morte antes de se abrir para a ressurreição.

Um problema espinhoso

David Halévy foi o único que não falou. O olhar interrogativo do Sábio o estimulou a tomar a palavra.

— Entre judeus e muçulmanos, as relações são atualmente muito tensas. O problema palestino é *espinhoso,* ainda que os moderados de ambos os lados tentem uma aproximação que nos alegra. Antes de vir aqui, havia em meu íntimo uma espécie de inimizade profunda com um misto de inquietação cada vez que pensava no Islã. Hoje, aconteceu alguma coisa em mim que ainda não entendi bem. A apresentação franca e humilde do xeque nada tem que ver com essa mudança interna. Em nossas concepções da fé, nós, judeus e muçulmanos, não estamos muito distantes uns dos outros. Vários textos da Tora dizem, em termos quase idênticos, as mesmas palavras da confissão de fé islâmica. No livro de Isaías, lemos: "Assim diz Adonai (o Senhor): 'Eu sou o primeiro e o último, não há outro Eloim (isto é, Deus) a não ser eu.' (44,6). Ou ainda:

'Não sou eu Adonai? Não há outro e nenhum Eloim
a não ser eu!
Volvei-vos para mim, e sereis salvos,
vós todos, de todos os confins da Terra!
Sim, eu, El, nenhum outro' (45, 21-22)."

Continuou David: — *Alá* e *El* derivam de uma mesma raiz semântica que provavelmente quer dizer "forte", "anterior a tudo", "Aquele por quem aspiramos e para o qual nos orientamos". E ainda que *Eloim* (como, de resto, *Adonai*) seja um plural, ele designa o Deus único. Esse paradoxo foi comentado por muitos de nossos sábios. Um de nossos comentaristas observou que a raiz de *Eloim* (*aleph, lamed, hé,* em hebraico) é idêntica à do pronome demonstrativo que quer dizer "estes", e portanto reúne uma multiplicidade de objetos em uma unidade. Pode-se deduzir disso que Eloim é o Ser que unifica, com seu poder e sua vontade, a multiplicidade do que existe em uma só totalidade. Eloim é o Um que congrega, o Conjunto que une. Ao mesmo tempo, Eloim se dá a conhecer ao povo judeu sob o vocábulo impronunciável *IHWH* (bendito seja o seu santo nome), no qual alguns arriscam-se a incluir as vogais que nós, judeus, preferimos, por respeito, exprimir com os termos de *Hashem,* o Nome, ou ainda *Adonai,* o Senhor. Dito isso, o Deus universal tem, pois, um nome próprio especial que testemunha essa universalidade. Nós judeus temos muito cuidado em respeitar as diferenças, em evitar as confusões. Ainda que, atualmente, em nossa era de uniformes e uniformidades, qualquer diferença seja percebida como uma ameaça. Por causa dessa preocupação com a particularidade do povo, cada judeu, individualmente, se torna, no seio de seu povo, um ser muito especial. Esse fenômeno é tão desenvolvido entre nós que dizemos: "Quando dois judeus se reúnem, pelos menos três opiniões se confrontam!" Às vezes, isso chega a ser cômico. Conta-se uma história de um Robinson Crusoé judeu perdido numa ilha deserta que, enquanto esperava ser resgatado, construiu ali vários edifícios. Um dia, apareceu um barco ao longe e veio aportar na ilha. Quando o capitão visitou as obras do solitário, ficou maravilhado com o seu trabalho. "Aqui é minha casa e lá é minha sinagoga, minha casa de orações." O capitão ficou admirado. "E o que é aquilo ali?", perguntou ele apontando uma outra construção imponente. "É uma segunda sinagoga." "Mas você é louco! Por que fez duas?" "A outra é bem diferente. É a sinagoga que eu não freqüento!"

O público ficou contente em poder rir e relaxar.

Uma religião uniformizante?

O rabino então continuou:

— Eis minha questão. Li em algum lugar que Maomé teria dito em uma de suas prédicas: "Não existe nenhum recém-nascido que não pertença (naturalmente) à religião muçulmana. São os pais que fazem dele um judeu, um cristão ou um adorador do fogo". Esse olhar abrangente não corre o risco de tornar-se tão totalizante que não respeita mais as diferenças específicas de cada tradição? De resto, não falastes das diferenças entre muçulmanos sunitas e xiitas, ou entre muçulmanos "ortodoxos" e aqueles que não o seriam, como os *drusos,* que acreditam que Alá se encarnou no califa al-Hakim, ou os *ahmadis,* que afirmam, em seu ramo principal, que Gulam Ahmad é um novo enviado, a exemplo de Maomé. Sua "unidade" (um Deus único, um Corão definitivo, transmitido por um Profeta último para uma Comunidade única) pretende englobar as outras religiões. Ora, o Corão não se soma à Bíblia, mas pretende recapitulá-la com pureza e autenticidade. Isso tende, em minha opinião, a anular as particularidades, a não mais respeitar as diferenças. Se tivésseis feito como os cristãos, que não suprimiram o que eles chamam de Antigo Testamento, mas acrescentaram a ele, mantendo-o *tal qual* o Novo Testamento; se, pois, tivésseis acrescentado à Bíblia, mantendo-a *tal qual* o Corão, talvez o diálogo entre nós fosse mais fácil.

Muito polidamente, o xeque respondeu à pergunta pertinente do judeu:

— Já vos disse que eu mesmo comecei a ler a Bíblia, é verdade que há pouco tempo. Devo admitir também que raros são os muçulmanos que o fazem... num espírito não apologético. Mas conheceis muitos judeus que lêem o Corão ou os Evangelhos?

O rabino abaixou os olhos.

— Tendes razão — tornou o xeque. — Há uma diversidade no seio do Islã e fora do Islã que nós, muçulmanos, devemos acolher positivamente. Os xiitas, portanto os adeptos de Ali (o primo e o genro de Maomé), divergem dos sunitas sobretudo quanto à questão da legitimidade dos sucessores do Profeta e sobre a maneira de os designar. Suas práticas religiosas são quase as mesmas. Quando os xiitas convocam à oração, acrescentam uma referência à dimensão profética de Ali. Eles mantiveram também um costume pré-islâmico que é o casamento temporário e equipararam as partes da herança entre homens e mulheres. Principalmente, eles afirmaram claramente que as "portas da *ijtihad*" (isto é, o esforço pessoal para interpretar a Lei) não estavam fechadas. Infelizmente, alguns imãs sunitas divulgaram erroneamente a idéia de que não havia necessidade de fazer esse esforço, e isso depois que as quatro grandes escolas jurídicas codificaram o essencial das práticas. Essa foi uma das dramáticas razões do bloqueio intelectual que tanto nos paralisou. Quanto aos *bahais, drusos, ahmadis* e muitos outros grupos, eles alargaram muito os fundamentos do Islã, abrindo-os a outros profetas ou a outras doutrinas. Nossa falta de diálogo com eles nos impede, talvez, de darmos conta dos bloqueios que nos habitam e das discriminações que veiculamos. Nós muçulmanos atravessamos neste momento um período de extraordinária debilidade, apesar do dinamismo que alguns nos atribuem... e que tanto temem. A própria virulência de nossos extremistas é a prova de nossa incapacidade de dialogar com serenidade. Até nestas nossas justas, sofremos esses contratestemunhos que desonram Alá...

A confissão do rabino e o abraço do imã

Produziu-se, então, um acontecimento que provocou uma forte emoção entre os participantes. O rabino Halévy levantouse da cadeira e, com os olhos cheios de lágrimas, pediu perdão ao xeque:

— Cada vez que vos exprimis, vós o fazeis com uma profunda humildade. Apesar da vossa cegueira, sois mais clarividente que nós todos aqui. Um de nossos sábios, o rabino Simeon ben Yochai, disse: "Devemos confessar nossas próprias qualidades em voz baixa e nossa própria fraqueza em voz alta". E é o que não cessastes de fazer desde que estais conosco. Não procurastes esconder as fraquezas dos muçulmanos, enquanto eu próprio procurei proteger alguém de meu povo... Peço-vos sinceramente perdão. Depois que vossa filha recebeu uma carta com ameaças e sofreu uma agressão, todas as suspeitas recaíram sobre os extremistas islâmicos. Mas o problema está mal colocado. A história que um de nossos rabinos conta vale mais que uma longa teoria. "Dois homens descem por uma chaminé. Um está limpo, outro está sujo. Qual dos dois irá tomar banho?, pergunta ele a um de seus discípulos. O que está sujo, responde este. De modo algum!, retruca o rabino. O que está limpo. Vendo o companheiro sujo diante dele, diz para si mesmo: Como ele está sujo, eu também devo estar, portanto, preciso tomar banho." — E o rabino continuou: — "Dois homens descem por uma chaminé. Um está limpo, outro está sujo. Qual dos dois irá se lavar? O que está limpo, responde com entusiasmo o discípulo. Absolutamente! É o que está sujo. Vendo as próprias mãos cheias de fuligem, ele diz para si mesmo: Estou sujo! Tenho de tomar banho! Ao passo que o que está limpo, vendo suas mãos limpas, diz para si mesmo: Como não estou sujo, não preciso tomar banho..." Tenho ainda uma pergunta a fazer, continuou o rabino. "Dois homens descem por uma chaminé. Um está limpo, outro está sujo. Qual dos dois irá tomar banho? O discípulo crê finalmente ter compreendido. O sujo e o limpo!, exclama. Errado!, retruca o rabino. Não compreendeste que, se dois homens descem por uma chaminé, é impossível que só um esteja limpo e o outro sujo. De fato, ambos só podem estar sujos! Quando um problema é mal enunciado, todas as soluções são erradas."

O Sábio gostou da história, mas não percebia aonde David Halévy queria chegar com aquilo. Com muita emoção, o concorrente judeu continuou:

— O Islã não tem o monopólio dos extremistas. Também nós judeus temos os nossos... Ontem à noite, ao sair do quarto de Amina, encontrei isto. Mas não ousei dizê-lo à polícia.

E tirando um objeto do bolso, mostrou-o ao público.

— É um *kipá*, como este que eu próprio uso na cabeça. Este chapéu pertence, pois, a um judeu. Surpreendida com a minha presença, a pessoa que usava esse objeto perdeu-o na briga que se travou no quarto de Amina. O responsável pela violência não é, pois, um muçulmano, mas alguém da minha comunidade. Minha primeira reação foi esconder esse ato. Mas não tenho o direito de proteger um criminoso, ainda que seja judeu. Meu silêncio já durou demais. Peço-vos perdão por isso, xeque ben Ahmed.

O muçulmano, por sua vez, levantou-se de sua cadeira, ajudado por seus guarda-costas e se dirigiu ao judeu. Procurando-o com as mãos, ele as tomou de forma brusca e puxou-as para si. A polícia estava prestes a intervir para proteger o rabino. Mas não foi necessário. Num longo e afetuoso abraço, o xeque exprimiu todo o seu reconhecimento ao rabino. Esse gesto superou em intensidade tudo o que as palavras poderiam

dizer. O Sábio não tinha idéia de como encerrar o debate. O Bufão veio em seu socorro:
— Quando duas pessoas descem pela chaminé da violência, sejam elas judias ou muçulmanas, cristãs, hindus ou budistas, as duas ficam sujas. Mas quando duas pessoas mergulham no banho da humildade, quaisquer que sejam suas convicções, as duas ficam limpas.
Depois, acrescentou a meia-voz:
— Quando eu for grande, vou ser arquiteto. E as chaminés, eu as construirei bem em cima das banheiras...
Mais uma vez o público e o júri foram privados do debate. Já a polícia interceptava todos os judeus e portadores de passaporte israelense. Obrigados a comparecer à delegacia, foram submetidos a um intenso interrogatório. O *kipá* foi recolhido para que os especialistas pudessem retirar dele todas as informações que pudesse fornecer.

A vigilância

O Rei, o Sábio e o Bufão resolveram comer juntos. O Soberano estava muito perturbado; não obstante todos os esforços, ele não conseguia controlar o turbilhão de sentimentos que o assaltava.
— Ontem foi ANY e AYN. Hoje, a agulha e a lua cheia do mês de maio...
— E amanhã, vamos todos morrer — disse o Bufão em tom indiferente.
— Se isso pudesse me livrar de tuas bobagens, eu não ia me queixar — emendou o Rei raivosamente. — Uma jovem mulher é ameaçada e por pouco não é violentada. "Isso só pode ser obra de um extremista muçulmano", comentam. "Não, isso só pode ser obra de um extremista judeu", respondem outros. Já não sei mais o que fazer.
— E se, na verdade, o verdadeiro culpado fosse um extremista ateu ou cristão, ou ainda hindu ou budista? — perguntou ingenuamente o Bufão.
— E por que não um extremista Bufão, já que falas nisso? — gritou o Rei, ainda mais irritado.
O Sábio interveio para acalmar os ânimos:

— Majestade, talvez o Bufão não esteja errado. Ingenuamente, pensamos que o culpado era muçulmano, quando talvez ele seja judeu. Mas talvez ele não seja nem uma coisa nem outra...

— Explica-te — disse o Rei com veemência.

— Lembrai-vos do relato do rabino: um problema mal colocado não permite nenhuma solução satisfatória. Talvez o verdadeiro criminoso quisesse nos induzir ao erro fazendo-nos suspeitar dos extremistas judeus ou muçulmanos. Eu não me espantaria se o autor desses delitos fosse de origem totalmente diferente.

— Mas que motivos teria para vir perturbar o meu Torneio?

— E se fosse por ciúmes? — perguntou o Bufão. — Talvez o presidente de um país vizinho não tenha suportado vos ver coroado de prestígio por ter organizado o primeiro Grande Torneio espiritual da humanidade. Quem sabe essas ameaças não se dirigem a vós?

— É absurdo!

— E se fosse um complô fomentado pelos adversários da realeza, buscando assim vos desestabilizar para tomar o poder?

O Sábio, notando o quanto todas essas hipóteses acabrunhavam o Rei, pôs um fim a essas especulações:

— Seja lá quem ele for, temos de nos manter vigilantes.

— Com efeito — acrescentou o Bufão — *seja lá quem ela for*, porque pode ser uma mulher, nós todos devemos nos manter vigilantes.

A EXPOSIÇÃO DO JUDEU

Depois da abertura de praxe, o moderador deu a palavra ao concorrente judeu. Quando ele se levantou, ficou ofuscado pelos *flashes* dos jornalistas. Depois do drama da noite, o Torneio despertou o interesse da mídia. A princípio, o rabino ficou muito irritado com isso. Ele disse consigo mesmo: "Quando falamos de Deus, de religião, do sentido da vida, isso não desperta o interesse de ninguém. Mas sempre que há algum escândalo, aparecem todos os abutres!" Depois ele pensou melhor: "O erro não é só dos jornalistas, mas também dos leitores. São eles que gostam de histórias de violências. E talvez nós, homens religiosos, já não saibamos mais falar de Deus sem aborrecer as pessoas".

Veio-lhe à mente uma anedota de Bernard Shaw. Inspirando-se nela, o rabino afirmou com voz solene:

— Visto que a imprensa está tão interessada em mim, tenho de confessar uma coisa. O pai de todos nós, Abraão, está morto. Isaac está morto. E eu mesmo não estou me sentindo muito bem hoje!...

O público gostou da ironia e do humor do rabino.

O Deus oculto

Depois dos risos e dos aplausos, ele falou emocionado:

— Deus (bendito seja o seu nome) é um Deus que se oculta. "Mas, certamente, tu és um Deus que se mantém escondido, o Deus de Israel, aquele que salva." Isto está escrito no livro de Isaías, no capítulo 45. Pascal, não sem razão, ficou fascinado pelo Deus oculto. Ora, se o Deus de Israel se oculta, também sabe se revelar àqueles que o procuram. Imaginai um palácio de portas inumeráveis, contou uma vez Baal-Shem Tov, grande sábio do *hassidismo,* esse movimento de renovação do judaísmo do século XVIII. Atrás de cada porta, um tesouro espera o visitante que, podendo recolher à vontade o que encontre e já saturado de bens, não sente mais necessidade de continuar sua exploração. Porém, bem no fim do corredor, há uma porta e, atrás desta, um rei pronto para receber alguém que pense nele, e não nos tesouros.

O orgulho do saber é pior que a ignorância — continuou o judeu. — Procurar é mais importante que achar. A auto-suficiência é pior que a fome. A peregrinação é mais importante que a estabilidade. É próprio dos falsos deuses oferecer, sem muito esforço, bens que saciam passageiramente as necessidades mais fáceis de suscitar no homem. O Deus-Poder diz: "Prosterna-te diante de mim e tu serás poderoso! Dominarás, então, quem quiseres". O Deus-Possuir diz: "Acumula! Acumula! E tu serás rico! E então nada te faltará". O Deus-Celebridade diz: "Sobe na vida esmagando os outros! Então tua memória durará eternamente". O Deus-Prazer diz: "Goza e não te preocupes com a alegria. Então serás saciado". O Deus-Espetáculo diz: "Foge para o irreal e para o virtual! Serás então invulnerável". Mas Eloim, o Deus dos deuses, nos diz: "Busca-me e viverás".

Prosseguiu o rabino: — Segundo o Talmude (Maccoth 24a), esta palavra do livro de Amós, no capítulo 5, versículo 4, resume os seiscentos e treze mandamentos revelados a Moisés: "Buscai a Fonte suprema de todo poder e de todo ter, de toda celebridade, de todo prazer e de todo espetáculo, e vivereis! Vivei na santidade e na generosidade, na humildade, na alegria e no maravilhamento. Buscai minha Tora, minha Lei, que vos indica o Caminho, e sereis felizes". Buscai... como um jovem homem busca sua bem-amada...

A bela Tora

David seguiu: — No Zoar, um dos textos fundamentais da mística judaica, a Tora é comparada a uma jovem muito bela, escondida num quarto isolado do palácio.

O rabino fechou os olhos e a imagem de Amina se projetou em seu espírito. Uma leve e agradável vibração passou por todo seu corpo.

— Essa jovem — continuou ele com ternura e paixão — tem um amante de que só ela sabe a existência. "Por amor a ela, ele passa e torna a passar diante do palácio, e o olha de todos os lados, esperando conseguir vê-la. Ela sabe que ele nunca se distancia do palácio; que faz ela, então? Ela faz um pequeno orifício em seu quarto secreto, revela por um instante o rosto ao amante, e logo volta a escondê-lo. Só ele, e nenhum outro, viu o seu rosto, e ele sabe que foi por amor que ela se revelou, só a ele, por um instante; e seu coração e sua alma, tudo nele anseia por ela. O mesmo se dá com a Tora: ela só revela seus mais profundos segredos aos que a amam. Ela sabe que aquele que é sábio de coração ronda, dia após dia, as portas de sua morada.

Depois uma pausa, o rabino exprimiu-se numa linguagem mais didática:

— Essa linguagem amorosa vos choca? Na Bíblia, há um livro inteiramente dedicado ao Amor entre um homem e uma mulher, entre o divino e o humano. É o Poema dos Poemas, também chamado "Cântico dos Cânticos". O rabino Aquiba disse desse escrito: "O mundo não tinha nem valor nem sentido antes que o Cântico dos Cânticos fosse dado a Israel." A pulsão sexual e a pulsão espiritual são as duas faces de uma mesma moeda. E essa moeda é aquela que o próprio Deus cunhou*. Na carne do ser humano está inscrita uma pulsão biológica e afetiva que o faz sair de si mesmo para acolher um outro, uma outra. No espírito do ser humano está inscrita uma pulsão metafísica e espiritual que o faz sair de seu ego para descobrir o Outro por excelência, Deus. Da mesma forma que uma mulher pode ficar obcecada pelo rosto de um homem e um homem pelo de uma mulher, Deus é o grande Sedutor que obceca a alma humana. Sem essas duas pulsões que se encontram interligadas, a vida seria aborrecida, centrada sobre si mesma.

"Deus criou Adão à sua imagem, à imagem de Deus ele o criou" (Gênesis 1, 26-27) — prosseguiu o rabino. — O humano, reflexo do divino, é ao mesmo tempo masculino e feminino, uma unidade na dualidade. O Adão inicial não era masculino, mas pertencia a ambos os sexos. Como se se tratasse de dois seres siameses que fosse preciso separar, Deus os "serrou" para os diferenciar. Assim, Eva foi tirada de um lado de Adão.

---

* O autor faz aqui um trocadilho: em francês a palavra *pièce* significa tanto peça (musical, de teatro, etc.) como moeda. No original se diz que "essa moeda (peça) é a mesma da qual Deus é o Compositor". (N.T.)

Desde sua criação, o casal é uma união cindida em busca da intimidade. O texto original não diz que Deus criou *um* homem, mas o ser humano, em hebraico *Há-Adam*. Ora, segundo os cabalistas, que a cada letra dão um valor numérico para nela descobrir sentidos ocultos, o total da palavra *Há-Adam* é de 50; é exatamente o equivalente numérico da palavra hebraica *Mi*, que quer dizer "Quem". Enquanto para *Adam* só, um homem masculino sem Eva sua mulher, essa soma corresponde a 45; e 45 é o valor numérico da palavra *Mah*, que significa "O que". Daí os cabalistas tiraram esse belo ensinamento: o homem passa do "que" ao "quem", de um ser-objeto a um ser-sujeito quando realiza a complementaridade homem-mulher. Passar de *Adam* a *Há-Adam* é encontrar o outro, é sair do anonimato. O mesmo se dá quando os seres humanos encontram o Criador: eles saem da condição de objetos, escravos das determinações sociais e biológicas, para aceder a uma condição de sujeitos, partícipes da liberdade de Deus. O sentido da história humana (individual, comunitária e mundial) é passar da escravidão à liberdade, de relações de dominação à era messiânica em que a justiça e a fidelidade se confraternizam.

David Halévy fez uma pausa em sua apresentação, depois continuou:

— Como os senhores puderam perceber, para nós judeus, a referência sagrada é a Tora. Em seu sentido amplo, esta é composta da "tradição escrita", presente na Bíblia judaica, e da "tradição oral", fixada no Talmude. Muitos comentaristas, teólogos, filósofos e místicos enriquecem continuamente nossa herança com suas infinitas leituras. Contrariamente, talvez, a tradições mais dogmáticas, a nossa se recusa a adotar uma interpretação definitiva dos textos; nossa responsabilidade é *interpretar* a Tora, como músicos interpretam uma partitura. E as nuanças não têm limites.

Essa imagem da interpretação como criação artística fascinou especialmente Alain Tannier. Durante seus estudos de teologia, ele sofrera com os dogmatismos descobertos não apenas no cristianismo, mas também no Islã.

— Como judeus — continuou o rabino —, consideramos que a prática é, em última instância, mais importante que as crenças. O que é primordial é observar os *mitzvot*, os mandamentos que Deus revelou em seu encontro com Moisés e em seu constante acompanhamento do povo hebreu. Abraão, Isaac e Jacó são seus pais fundadores. Ao longo de nossa história atribulada, feita de baixezas e de façanhas, de crises e de reconciliações, Deus nos interpelou incessantemente enviando-nos profetas. Sua missão lembra-nos como devíamos viver segundo as exigências divinas de justiça e de compaixão. Aliás, como lembra Raphaël Hirsch, *Eloim* é Deus em sua justiça, enquanto o tetragrama *IHWH* é Deus em sua misericórdia. Os dois aspectos são inseparáveis. Deus é ao mesmo tempo Aquele que manifesta sua compaixão na Providência e Aquele que estabelece limites a fim de que cada um possa viver em seu lugar e deixe que os outros vivam no seu. Aquele que disse: "Eu sou aquele que é" (Êxodo 3,14) conclama seu povo a abandonar toda forma de idolatria para participar de sua santidade: "Sereis para mim santos, porque eu, o Senhor, sou santo; e vos separei dos outros povos para que sejais meus" (Levítico 20,26). A escolha do povo judeu por Deus sempre foi mal compreendida. Eleição não quer dizer predileção, mas apelo para que sirva à humanidade testemunhando o movimento rumo à justiça e à misericórdia, para o qual Deus chama todos os povos.

O resumo do rabino

O rabino esperava ouvir uma reação negativa do público quando falasse da eleição do seu povo, mas ninguém se perturbou com sua interpretação. Estimulado por essa escuta atenta, ele arriscou-se a afirmar:

— Parece-me, em suma, que os hindus e os budistas preferem a posição sentada, que simboliza a meditação e a interiorização, que os muçulmanos valorizam a passagem da posição de pé à prosternação, símbolo da submissão a Alá, e que os cristãos insistem principalmente no reerguer-se da posição deitada à posição de pé, simbolizando a passagem da morte à ressurreição. A mensagem específica confiada aos judeus é a da marcha: o êxodo do país do Egito para a Terra prometida, da escravidão para a liberdade.

O resumo encantou o Sábio. Como os outros delegados ainda não tinham dado mostras de contrariedade, o rabino se perguntou se eles continuavam a ouvir. Em seu íntimo, lembrou-se do adágio: "Um rabino não contestado não é um rabino". Ele pensou em dizer uma palavra provocadora, mas o ensinamento do rabino Méir o acalmou interiormente: "Deus não criou nada mais belo que a paz". Prosseguiu, pois, em tom tranqüilo:

— Nossos Sábios enumeraram na Lei de Moisés 613 mandamentos, 248 dos quais são positivos e 365 são interdições. Segundo a tradição, a cada um dos membros do corpo humano corresponde um mandamento positivo e a cada um dos 365 dias do ano uma interdição. Em suma, isso quer dizer que todo ano o corpo inteiro deve praticar a Lei e que esta prática é fonte de cura. "Meu filho, não te esqueças de meu ensinamento e guarda meus preceitos em teu coração porque, com longos dias e anos de vida, eles assegurar-te-ão a felicidade. Oxalá a bondade e a fidelidade não se afastem de ti! Ata-as ao teu pescoço, grava-as em teu coração! Assim obterás graça e reputação aos olhos de Deus e dos homens. Que teu coração deposite toda a sua confiança no Senhor! Não te firmes em tua própria sabedoria! Sejam quais forem os teus caminhos, pensa nele, e ele aplainará tuas sendas. Isto será saúde para teu corpo e um refrigério para teus ossos." (Provérbios 3,1-7).

E continuou ele: — Um não-judeu se apresentou um dia a Hillel, sábio conhecido por sua brandura e morto no ano 10 da era cristã. Ele lhe disse: "Eu me farei judeu; mas é preciso que tu me ensines toda a Lei enquanto eu fico equilibrado em um pé só". O mestre lhe disse: "Aquilo que não desejas que te façam, não faças a outro. Toda a Lei é isto; o resto não passa de comentário: vai e ensina-o". Quanto ao rabino Akiba, ele ensinou, citando o Levítico 19, versículo 18: "Tu amarás teu próximo como a ti mesmo; este é o grande princípio da Lei".

Diversidade e unidade dos judeus

Seguiu o rabino: — Assim, nossa Lei é ao mesmo tempo complexa e simples. Alguns de meus compatriotas procuram segui-la nos mínimos pormenores, outros prendem-se ao essencial, "esquecendo-se" do resto. Entre os judeus ortodoxos e liberais, a guerra pode ser dura: os primeiros insistem na necessidade de praticar todos os mandamentos da Lei, os segundos na necessidade de praticar apenas aqueles que forem compatíveis com a vida moderna. Entre os dois, os judeus conservadores tentam encontrar uma posição intermediária. Além dessas três tendências, alguns acrescentam uma quarta, a dos judeus reconstrucionistas. Mas pouco importa. O que é preciso saber é que o judaísmo viu surgir suas grandes tensões não em seus primórdios, mas com a chegada dos tempos modernos. Hoje, é possível ser ao mesmo tempo judeu e praticante, judeu e não-praticante, quem sabe até judeu e ateu. Sem embargo, Moisés Maimônides, o grande médico e filósofo judeu da Idade Média, recapitulou em *treze artigos de fé* as crenças fundamentais que nos distinguem: o Criador dirige tudo, ele é Único, sem corpo, o Primeiro e o Último; só a ele devem ser dirigidas as preces; os profetas falam a verdade e Moisés é o primeiro de todos eles; a Lei lhe foi dada e ela é imutável; Deus conhece todas as ações e pensamentos humanos; ele recompensa os que obedecem aos seus preceitos e pune aqueles que os infringem; o Messias virá, embora ainda se demore, e haverá a ressurreição dos mortos. Muitos judeus aceitam esses artigos, outros não; apesar disso eles continuam sendo judeus. Nosso povo, em comparação com o das outras religiões, é pequeno, contudo tenho orgulho de fazer parte dele. Dele saíram filósofos como Espinosa, Bergson e Husserl, cientistas como Einstein, Bohr e Born, artistas como Mendelssohn, Mahler e Chagall, psicólogos como Freud, Adler e Bettelheim, políticos como Herzl, Marx e Trotski, gênios religiosos como Abraão, Moisés e Jesus... Alguns mantiveram-se fiéis a seu povo, outros não; alguns tomaram sua defesa, outros o atacaram violentamente; alguns observaram sua Lei, outros a desconsideraram; mas todos se preocuparam com questões fundamentais e se puseram em marcha rumo ao que consideravam ser uma Terra nova, e em sua busca foram seguidos por muitos outros. O mais importante é a busca.

— Conta-se que um homem angustiado — continuou David — perguntou ao *hassid* Mendel de Kotz: "Rabino, fico o tempo todo pensando". "Em quê?" "Pergunto-me se existe mesmo um juiz e um julgamento." "E que importância pode ter isso para você?" "Se não existisse para que serviria a criação?" "E que

importância pode ter isso para você?" "Para que então serviria a Tora?" "E que importância pode ter isso para você?" "Que estais a dizer, rabi?" "Se você dá tanta importância a isso, é porque você é um verdadeiro judeu. Você pode, pois, meditar e refletir sem nada temer." Yaakhov Yitzhak de Pssiskhé, de sua parte, disse: "Não existe princípio na maneira de servir a Deus. E mesmo isto não constitui um princípio".
Um silêncio impressionante reinou no auditório.

As verdadeiras riquezas

O rabino decidiu quebrar o silêncio com um último ensinamento sobre as verdadeiras riquezas:
— A maior tentação, para a humanidade, é tornar-se prisioneira de suas riquezas. A propósito, se os senhores estão interessados num bom banco onde guardar os seus bens, posso lhes dar o endereço de meu tio... mas primeiro vai ser preciso esperar o fim deste encontro.
Uma gargalhada geral desanuviou a atmosfera.
— Alguém apresentou ao rabino Mikhal de Zlotchev uma questão embaraçosa: "Sois pobre, rabino, porém agradeceis a Deus todos os dias por satisfazer as suas necessidades; isso não seria uma falsidade?" "De forma alguma. Para mim, a pobreza é uma necessidade!" E o rabino Nahum, de Chernobyl, cidade que hoje é tristemente célebre, dizia, não sem humor: "Amo a pobreza. É um presente que Deus deu ao homem. Um verdadeiro tesouro. E que não custa muito caro".
O rabino sentou-se sob um dilúvio de aplausos. Com o passar das horas, o público ousava manifestar seus sentimentos de forma mais espontânea. E o Sábio ficou muito feliz com isso.

Confrontos

O moderador deu, em primeiro lugar, a palavra a alguém do júri, para evitar frustrar seus membros mais uma vez. Uma mulher abriu impetuosamente o debate:
— Senhor rabino, o senhor me maravilhou! Sua alocução, seu humor, sua inteligência são uma festa para o espírito. Mas, francamente, devo dizer que seus fogos de artifício me deixam perplexa. No final do seu discurso, continuo sem saber em que consiste a identidade judaica! Não me é difícil entender que se

possa ser judeu e não-praticante. Mas que se possa ser judeu e ateu, isso está além de minha compreensão.

A questão judaica

Um largo sorriso iluminou o rosto do rabino:
— A "questão judaica", a questão de sua identidade, de sua origem e de seu porquê é *a* questão que sempre obcecou meu povo. Conta-se que um barco que levava a bordo cientistas de renome naufragou. Chegados a terra, essas eminências pardas descobriram que o lugar era habitado apenas por um bando de elefantes. Para não embotar seus talentos intelectuais, cada um se pôs a fazer uma pesquisa. O cientista francês interessou-se pelo tema "A vida amorosa dos elefantes"; o americano redigiu um folheto intitulado "Como duplicar seu rebanho de elefantes em seis meses"; o alemão redigiu uma tese sobre "A filosofia dos elefantes de Hegel aos dias atuais". De sua parte, o judeu dedicou toda energia ao tema "Os elefantes e a questão judaica"!

E o rabino seguiu sua exposição: — Que é "ser judeu?" A palavra "judaísmo" vem de uma raiz hebraica que quer dizer "dar graças a Deus". Mas serve para designar também um país, a Judéia, assim como seus habitantes, os descendentes da tribo de Judá, os judeus. André Chouraqui, para evocar a identidade judaica, falou de uma "trindade", aquela que liga uma Mensagem, um Povo e uma Terra.

— A Mensagem é a Tora — continuou David —, recapitulada no "Shema Israel": "Ouve, ó Israel! O Senhor, nosso Deus, é o único Senhor. Amarás o Senhor, teu Deus, de todo o teu coração, de toda a tua alma e de todas as tuas forças. Os mandamentos que hoje te dou serão gravados no teu coração. Tu os inculcarás a teus filhos, e deles falarás sentado em tua casa, andando pelo caminho, ao te deitares e ao te levantares. Atá-los-ás à tua mão como sinal, e os levarás como uma faixa frontal diante dos teus olhos. Tu os escreverás sobre os umbrais e as portas de tua casa." (Deuteronômio 6,4-9).

Prosseguiu Halévy: — A recitação dessa confissão de fé em hebraico contém duzentos e quarenta e oito palavras que, segundo nossos sábios, correspondem aos duzentos e quarenta e oito órgãos do corpo humano. Assim, uma recitação diária é fonte de saúde. Aliás, é por causa desse texto, entre outros, que os judeus praticantes usam *tefillin*, ou filactérios, caixinhas quadradas contendo versículos da Bíblia, atando-os à fronte e aos braços durante a oração matinal. As palavras do "Shema Israel" também são inscritas em uma *mezuzá*, um símbolo religioso colocado no montante direito da porta da casa.

E finalizou o rabino: — Quanto à Terra, ela é a de Israel, compreendida geograficamente ou espiritualmente dependendo das tendências. É verdade que muitos judeus não observam mais os mandamentos da Tora e que alguns não se sentem mais ligados à "Terra de Israel". Eles reinterpretam a Mensagem libertadora num sentido laico (pense-se no socialismo de um Marx ou na psicanálise de um Freud), mas nem por isso deixam de ser judeus. Por quê? Porque eles continuam a pertencer ao Povo...

Israel ou Palestina, uma Terra com-prometida?

Quando o xeque ouviu o rabino falar da Terra de Israel, endureceu-se em sua poltrona:

— Judeus e muçulmanos — interveio ele com emoção — poderiam se entender melhor se os diversos "sionismos" políticos e religiosos parassem de envenenar nossas relações. Jerusalém é uma cidade santa também para nós muçulmanos, e o martírio do povo palestino já durou demais. É próprio do espírito de nosso tempo denunciar os criminosos que se valem do Islã para matar e para roubar. Mas por que não se condenam com igual energia aqueles judeus que fazem coisas equivalentes e, em nome da Bíblia, continuam a expropriar e a submeter todo um povo à servidão?

Por uma fração de segundo um ódio violento brotou dos olhos do rabino, mas logo ele desapareceu por um esforço de vontade de sua parte. Como se uma ferida ainda viva tivesse sido tocada e imediatamente encoberta.

— O problema dos palestinos e a questão dos "sionismos" são temas espinhosos — retrucou o rabino. — Depois das promessas feitas a Abraão, a Isaac e a Jacó, os judeus sempre se sentiram, em coração e em espírito, ligados a essa terra. Rachi chegou a dizer: "Um israelita fora da Terra santa é como se não tivesse Deus". Imagine que a Arábia Saudita, um dia, fosse conquistada pelos inimigos do Islã. O senhor acha sinceramente que depois de, digamos, dois mil anos de ocupação, os muçulmanos poderiam esquecer e não procurariam, de todo coração, voltar a ela? E isso, mesmo que alguns *sufis* os convidassem sem cessar a "espiritualizar" a Meca e a Caaba?

O xeque ficou pensativo.

— Para os palestinos — continuou o rabino — os judeus são um "espinho". Nossa vinda em grande número há um século os desestabilizou. Essa terra que eles consideram como sua foi-lhes arrancada das mãos, quase sempre com uma violência injustificada. Mas, da mesma forma, os palestinos são um "espinho" para os judeus. No livro dos Juízes, está escrito: "Inflamou-se, pois, contra Israel a cólera do Senhor: 'Visto que este povo violou o meu pacto', dizia ele, 'a aliança que eu tinha feito com os seus pais, e não obedeceram à minha voz, também eu não expulsarei diante deles nenhuma das nações que Josué deixou ao morrer'. Por elas, queria o Senhor provar os israelitas, e ver se eles seguiriam ou não o caminho do Senhor, como o tinham feito os seus pais" (2,20-22). Deus poderia "expulsar" e "reinstalar" esses primeiros ocupantes. Mas ele não o fez. Eles se tornaram "espinhos" (Josué 23,13) desejados pelo próprio Deus para que o povo de Israel não se tornasse idólatra adorando sua nação, seu poderio militar, seus direitos... A terra não pertence nem aos judeus nem aos palestinos, mas só a Deus, e Ele a empresta a quem bem entende. "O país me pertence; a terra é minha, e vós sois em minha casa como estrangeiros ou hóspedes", diz o Senhor (Levítico 25,23). Em um de nossos salmos diz-se: "Quanto aos mansos, possuirão a terra, e nela gozarão de imensa paz" (Salmos 37,11). Em vosso Corão, isso é lembrado porque está escrito: "Nós escrevemos nos Salmos, depois do Chamado: 'Em verdade, meus servidores justos herdarão a terra'" (21,105). E no Evangelho dos cristãos, Jesus ensinou: "Bem-aventurados os mansos, porque possuirão a terra" (Mateus 5,4). Deus dá a terra de empréstimo a quem Ele deseja. Isso significa: aos humildes, aos justos e aos mansos. E se esses locatários deixam de sê-lo, o próprio Deus faz com que "a terra vomite seus habitantes" (Levítico 18,25); isso vale tanto para judeus como para palestinos. Estamos todos sujeitos à justiça.

Rumo a um duplo reconhecimento?

— Uma vez que acabais de citar Jesus — disse então o doutor Clément —, gostaria de vos ouvir falar um pouco mais dele. A história das relações entre cristãos e judeus é... horrível... A soma das misérias que as Igrejas cristãs impuseram a vosso povo é indescritível. Envergonho-me dela e não sei como vos pedir perdão...

Visivelmente acabrunhado com esse passado terrível, o cristão baixou a voz e os olhos:

— O que não disseram de vós? — continuou ele. — Gregório de Nissa vos chamava de "os deicidas, os matadores dos profetas, aqueles que lutam contra Deus e o odeiam, transgressores da lei, inimigos da graça, indiferentes à fé de seus pais, advogados do diabo, raça de víboras...". E a vosso respeito Lutero escreveu: "Primeiramente, que se ateie fogo a suas sinagogas e a suas escolas [...]. E que isso se faça pela glória de nosso Senhor e da cristandade, a fim de que Deus veja que somos cristãos e que não quisemos tolerar que se blasfeme, que se calunie e renegue seu Filho. Pois que Deus nos perdoa o que, por ignorância, toleramos (eu próprio não o sabia). [...] Em segundo lugar, que se destruam igualmente suas casas [...] para que eles saibam que não são os senhores do nosso país, como eles se vangloriam de o ser, mas miseráveis e escravos, como eles não param de se queixar diante de Deus". Quando Herzl visitou o papa Pio X para pedir seu apoio, a resposta que recebeu não podia ter sido mais clara: "Os judeus não reconheceram Nosso Senhor. Por isso, não podemos reconhecer o povo judeu". Graças a Deus, a partir do Concílio Vaticano II as mentalidades mudaram muito.

— Como vos responder em poucas palavras a propósito de Yéchoua ben Yosseph? A opinião judaica sobre ele pode ser resumida nas palavras do rabino Stephen S. Wise:

"Jesus era um homem e não um Deus;
Jesus era judeu, e não um cristão;
Os judeus nunca rejeitaram Jesus, o judeu;
Os cristãos, em seu conjunto e no fundo,
não aceitaram Jesus, o judeu, e não o seguiram!"

Continuou o rabino: — Jesus era um dos nossos. Sua maneira de rezar, de ensinar, de se vestir... tudo mostra sua qualidade de judeu. Apesar disso um fosso nos separa. Nós judeus continuamos a esperar a vinda do Messias. Por quê? Porque nós cremos que sua vinda haverá de nos libertar de todos os sofrimentos. Um dia anunciaram a um rabino que o Messias chegara; este simplesmente olhou pela janela e constatou que nada havia mudado; ele logo percebeu que o Messias ainda não havia chegado.

— Mas, quanto a isso, divergimos tanto assim? Erroneamente, os cristãos concentraram sua fé na vinda já ocorrida do Messias; ora, como vós, esperamos a plenitude de sua presença!

— Talvez. Mas para nós é difícil aceitar que, neste homem, Deus, em seu amor, tenha voltado para nós. Como, com efeito, reconhecer em Jesus o *Emanuel* (o Deus conosco) enquanto seus porta-vozes não cessaram de dar testemunho de um Deus contra nós?

Christian Clément compreendia perfeitamente as reticências do rabino.

— Reconhecido isso — prosseguiu esse último —, depois que a Igreja parou de rejeitar o povo judeu, o povo judeu parou de rejeitar Jesus. Há até uma espécie de voga em Israel em torno de sua pessoa: jamais tantos livros foram escritos sobre ele. O professor Léon Askenasi, conhecido sob o nome de "Manitou", escreveu um artigo notável em que lembra a idéia de que haveria dois tipos de messianismo: um segundo *Judá* e outro segundo *José*. Na genealogia de Jesus que se encontra no Evangelho de Mateus (1,2), está escrito que o patriarca "Jacó gerou Judá e seus irmãos", entre os quais José, como haveis de lembrar, o hebreu que serviu ao faraó para tentar santificar a civilização egípcia. Ora, no fim dessa genealogia (1,16), diz-se que um outro "Jacó gerou José, esposo de Maria, da qual nasceu Jesus, que é chamado de Messias". Não é por acaso, pois, que o pai de Jesus tem o nome de José e que este seja filho de um Jacó. Todo leitor familiarizado com a Bíblia sabe que José é o Hebreu que se tornou egípcio, portanto testemunha de Deus entre os pagãos; enquanto Judá é o patronímico do povo hebreu que saiu do Egito (Salmos 114,1-2), e, portanto, testemunha de Deus fora do mundo dos pagãos. Haveria, assim, dois tipos de "diáspora" dos filhos de Jacó, duas maneiras de ser do povo de Israel: uma segundo os "filhos de José", entre os pagãos para santificá-los; outra segundo os "filhos de Judá", fora do mundo dos pagãos, para lembrar a santidade de Deus. Jesus, filho de *José*, exprimiria então uma maneira de ser Messias *segundo José* entre as nações; ao passo que o povo judeu, enquanto filho de Judá, se teria mantido fiel a um messianismo *segundo Judá*, continuando a esperar a plenitude do reino messiânico. Esses dois messianismos cessariam, então, de ser opostos para se tornar complementares.

Essa explicação, um tanto difícil de compreender, espantou o doutor Clément. Ele nunca tinha ouvido um judeu que, sem deixar de ser *judeu*, fosse tão longe num caminho de aproximação.

— Contrariamente aos muçulmanos, nós judeus podemos aceitar que Jesus seja "filho de Deus". Estas palavras querem dizer que ele é uma criatura conforme o projeto do Pai criador. O problema, para nós, é a inversão do nome para "Deus-Filho".

Um Deus Pai e Mãe?

— Permita-me perguntar — interveio então o *swami* —, por que os judeus, assim como os muçulmanos, têm tanta dificuldade em aceitar que Deus se revele por meio de um ser humano? E por que chamais sempre seu Deus de "Pai", quando vós mesmos dizeis que ele fez o ser humano à sua imagem, masculino e feminino? Não poderíeis chamá-lo também de "Mãe"?

— Espero que nossos debates teológicos não aborreçam o público... Mas respondo de bom grado a suas questões. Para os judeus, o Criador supera em muito a Criação. Assim, afirmar sua transcendência é evitar que se apoderem dele e também que se apoderem de outros, em seu nome. Infelizmente a história nos confirma que a maior parte das atrocidades cometidas em nome das religiões se deu quando esta distância já não foi respeitada. O *Gott mit uns* ("Deus conosco") inscrito nos cinturões dos soldados alemães é a expressão mais perversa da tomada de poder em nome da religião. Deus pode estar *conosco*, desde que possa também estar *contra nós*.

De súbito, o rabino fez a ligação com o que acabara de dizer ao cristão. Ele se perguntou se a terrível hostilidade das Igrejas em relação aos judeus e a profunda inimizade dos judeus para com as Igrejas não teriam também uma origem comum em Deus. Como se o Pai Criador usasse um de seus dois filhos para corrigir o outro, e vice-versa. Mas a que custo?, ele se perguntou também. Deixando suas elucubrações internas, voltou à questão que lhe foi apresentada:

— Quanto à terminologia masculina aplicada a Deus, tendes razão em dizer que ela é em parte inadequada. Infelizmente essa linguagem sexuada foi utilizada pelos homens religiosos, pelos varões, para dominar as mulheres. Em nossos textos, muitos autores se referem a uma linguagem maternal, e até matriarcal, para falar da ternura de Deus: "Como uma criança que sua mãe consola, sereis consolados por mim...", diz Deus pela boca do profeta Isaías (66,13). Enquanto o "Pai" é claramente diferenciado de seu filho, uma "Mãe", pelo menos durante a gestação, não o é. Foi para preservar essa exterioridade, essa santidade de Deus, que se utilizou uma linguagem masculina. É bom que se saiba, porém, que os judeus nada podem dizer sobre Deus enquanto tal; eles só podem se exprimir a partir de sua própria Palavra. Deus em si é incognoscível. É a partir de suas refrações na Revelação e de suas relações com o homem e o mundo que ele pode balbuciar algumas coisas. Nomear é dominar. E Deus excede sempre nossos discursos e nossas consciências.

Um Deus que liberta e que ama

O monge Rahula saiu de seu silêncio:

— Se entendo bem o judaísmo, fonte primeira das religiões cristã e muçulmana, Deus é o Criador do mundo e essa criação é *boa*. O Buda não estava bem certo de que um Criador bom estivesse na origem do universo. Primeiro porque a experiência humana não é a de um mundo *bom,* mas antes de interações o mais das vezes frustrantes, e depois porque postular um Deus que diz "EU SOU" contradiz a experiência da impermanência de todas as coisas. O budismo se recusa a especular sobre um Deus hipotético, porque essa hipótese, por si mesma,

já desvia o homem do que deve ser seu único objetivo: tudo fazer para conseguir a libertação.
— É verdade que nossas visões de mundo são muito opostas. Para nós, Deus se revela como um "EU SOU" que permite ao homem dizer "Eu sou". Acreditamos que cada ser é único e tira sua existência d'Aquele que faz ser. Enquanto para vós as identidades parecem se dissolver num mistério indefinível, para nós o mistério de Deus dá sua identidade a cada criatura. Contudo, como vós, acreditamos na *libertação* e na *liberdade*. As durezas do mundo (seja o mal, a doença ou a morte) não são pesos que sempre nos devam esmagar. Reconhecer que Deus é o Criador do mundo é dizer que não é escravo dele, que ele o domina e que o orienta para nosso bem. Toda fatalidade é rejeitada. Do mesmo modo, o Buda rejeitou todo pessimismo que ligaria o homem ao seu *karma* ou ao sofrimento. Ora, um outro ponto comum é a mesma fé na *interdependência* de todas as coisas. Mas enquanto silenciais sobre a Base ou sobre o Além dessa interdependência, nós vemos nela o projeto de amor de Deus. Samson Raphaël Hirsch escreveu: "Assim um grande laço de amor, que une aqueles que dão àqueles que recebem, impede que alguém exista só por si mesmo; tudo é interação, interdependência, para o indivíduo e para o grupo. Nenhuma força que guarde alguma coisa apenas para si, nenhuma força que não receba senão para doar. Cada ser dá, e recebe ao doar, o remate de seu destino. Ah! O amor!, dizem os Sábios (Beréshit Rabba 80,12), o amor que conduz e que é conduzido, eis a palavra de ordem da criação do universo. *Amor,* tal é a palavra que cada coisa te sussurra".
Alain Tannier, desta vez, foi o último a tomar a palavra:
— Sinto-me muito próximo do monge Rahula e vossos argumentos não me satisfazem. Visto que falais de amor, gostaria de voltar ao que dissestes a propósito de um laço entre o amor sexual e o amor espiritual. Nunca vos perguntastes se essa bela simbiose não seria simplesmente uma *sublimação* muito espiritualizante de pulsões unicamente biológicas? Dizer que foi Deus quem criou a sexualidade não é uma forma de sacralizá-la, de pô-la à parte, quando ela é uma lei de quase toda a natureza?

— Tendes razão: a sexualidade não é caráter distintivo do homem — respondeu o rabino. — Mas o ser humano é o único "animal" capaz de formular um sentido para o que faz e de debater, como estamos todos fazendo neste momento. Em vossa pergunta, creio distinguir uma outra: todo o nosso discurso sobre Deus não seria apenas uma projeção de nossos sonhos? Um hindu talvez vos perguntasse: "E se a existência humana não fosse mais que o sonho de Deus, e a salvação consistisse em ser despertado?" Como judeu (e com certeza os cristãos e muçulmanos, que são meus primos na fé, não haverão de me contradizer) direi que a grande opção que se apresenta ao ser humano é a seguinte: escolher entre o revelado e o sonhado. Tendo plena consciência de que, no revelado, o sonho humano não está ausente.

O rabino voltou ao seu lugar. Seu rosto cansado desestimulava qualquer outra pergunta. O Sábio então encerrou a sessão e fez votos de que todos aproveitassem bem a noite livre. Na verdade, os comerciantes do país haviam pressionado os organizadores do Torneio para que deixassem algum tempo livre aos participantes. Eles também queriam participar dos "benefícios" de tal acontecimento. É verdade que o elogio da pobreza pelo rabino não era a melhor publicidade que eles podiam esperar; mas como o caminho da teoria à prática costuma ser muito longo e tortuoso, os comerciantes do país não tiveram com que se preocupar.

— Senhoras e senhores, aproveitem esta noite para relaxar e para conhecer esta região do Reino. Amanhã uma longa jornada vos espera. Depois da apresentação do candidato cristão, o júri deverá deliberar e escolher a melhor religião para nosso país. Uma tarefa nada fácil.

O Bufão, que também estava exausto com tantas emoções e tantos discursos, voltou-se para o Sábio:

— Genial, o rabino! Principalmente o que ele disse sobre o sonhado e o revelado. De sua parte, nosso Rei só pensa no que foi revelado no sonhado. Quanto a mim, o que me alegra e que me faz levantar durante a noite é sonhar com cálices de licor e raviólis...

Ora, naquela noite o Bufão comeu uma coisa bem diferente. Com efeito, ele foi convidado ao palácio, juntamente com o Sábio e os seis principais concorrentes. À própria mesa do Rei.

A investigação

Durante todo o dia, os policiais do Reino estiveram ocupados. Com extremo cuidado, providenciaram a análise da carta com ameaças e do *kipá* entregue pelo rabino. Na carta, reconheceram as impressões digitais do xeque, de Amina e do Sábio, e conseguiram identificar vestígios de uma luva. Quanto à caligrafia, ela não pertencia a nenhum dos muçulmanos detidos. De resto, muitos deles nem falavam o árabe em que fora lavrada a carta, visto serem de origem indonésia ou paquistanesa; é verdade que a maioria conhecia o árabe do Corão, mas daí a escrever aquela carta havia uma grande distância. E o exame do *kipá* foi ainda mais decepcionante. As análises não revelaram nenhum traço de identificação além da do... rabino. Os especialistas foram unânimes: o objeto fora lavado cuidadosamente para que qualquer outro vestígio, impressão, cabelo ou película desaparecesse. Todas as hipóteses tinham sido estudadas, mas nenhuma avançou em nada a investigação.

O criminoso era um estrangeiro ou um nativo? Seria alguém do público ou uma pessoa estranha ao Torneio? Os policiais chegaram a considerar a possibilidade de que o culpado fosse alguém do júri, ou mesmo um dos delegados. Mas que motivos teriam para querer atacar Amina? Paradoxalmente, as suspeitas começaram a se voltar para o xeque e o rabino. Ambos não tinham todo o interesse em ver a religião do oponente desacreditada pelo caso? O que mais os intrigava era o rabino. Por que só ele não fora ao espetáculo? E por que as únicas impressões que havia no *kipá* eram as suas? E se ele tivesse maquinado tudo aquilo para fazer crer que houve um atentado e que um de seus compatriotas fora cúmplice? Em seguida, por uma suprema esperteza, ele próprio teria apresentado um símbolo judeu para que se pensasse que um não-judeu procurava, com isso, incriminá-lo... Com certeza sua fina inteligência era capaz de imaginar tais perversões. Decidiu-se que, até o fim das justas, os delegados seriam vigiados com cuidado por policiais à paisana.

Na delegacia de polícia, os suspeitos judeus e muçulmanos protestavam inocência com veemência. Muitos ameaçaram recorrer à sua embaixada se sua detenção durasse mais tempo. O responsável pela investigação não ousava, porém, correr o risco de colocá-los em liberdade. Ele resolveu, então, consultar o ministro do Interior, e este enviou uma carta ao Rei.

Refeição no palácio

Na residência real, tudo fora preparado, até os mínimos detalhes, para que a refeição conviesse a cada um dos convidados. O mais estranho era ver todos esses homens que tinham falado de pobreza e de despojamento com tanta eloqüência, sentar-se juntos à mesa num ambiente tão suntuoso e comer pratos tão refinados. É verdade que Rahula pensara em recusar o convite. Com efeito, como monge budista, ele não comia mais nada depois da refeição do meio-dia. Mas para não aborrecer o Rei sem necessidade, resolvera participar do jantar. Quanto ao *swami*, ele se tranqüilizara lembrando-se da palavra de um de seus sábios: "Um rei em seu palácio pode ser mais desprendido que um mendigo em seu casebre".

No final da refeição, o soberano tomou a palavra. Ele desejava "remir-se" do seu medíocre desempenho do primeiro dia.

— Nobres delegados, é uma imensa honra para meu Reino recebê-los entre nós. Com efeito, todos vós meditastes com toda dedicação sobre as coisas essenciais da vida. Mais ainda: sois, todos vós, herdeiros de antigas tradições que, durante séculos e mesmo milênios, se perpetuaram para aliviar os males dos seres humanos. Toda a sabedoria multicor da Terra está resumida em vossas pessoas. E pela primeira vez na humanidade, a quintessência dessas experiências e desses conhecimentos é reunida e oferecida com simplicidade aos outros. Eu mesmo, assim como o Sábio e o Bufão, tivemos sonhos estranhos...

O Sábio prontamente inclinou-se para o Rei e murmurou ao seu ouvido:

— Majestade, não diga nada por enquanto. O candidato cristão ainda não falou.

O Rei sorriu. Como se respondesse que não esquecera disso.

— Ora — continuou o Rei —, esses sonhos nos perturbaram. O mesmo aconteceu com o que ouvimos de vossas bocas. Não fossem esses dramáticos acontecimentos de que a senhorita Amina foi vítima, esse Torneio teria sido um sucesso. Mas não nos adiantemos. Amanhã, teremos uma jornada decisiva. Senhores, desde já agradeço-vos por vossos discursos e vos desejo boa sorte.

Afora as últimas palavras, em que exprimiu seus votos, pouco recomendados no caso de tais justas, o Rei não se saiu tão mal. E ele o sabia. No momento em que o estavam aplaudindo, entregaram-lhe a carta do ministro. Depois de lê-la, o Rei passou-a ao Sábio. Ele deveria libertar os suspeitos? Tal era, em resumo, o conteúdo da missiva. O Sábio aconselhou o Rei a apresentar a questão diretamente aos delegados. Depois da consulta, decidiu-se, por unanimidade, que os suspeitos judeus e muçulmanos deveriam ser libertados e rigorosamente vigiados. Decidiu-se também, de comum acordo, que o acesso ao salão do mosteiro não lhes seria interdito: como todos os participantes seriam revistados na entrada, o risco de um atentado seria mínimo. As comemorações da noite terminaram relativamente cedo e todos voltaram aos seus aposentos. A meditação do monge Rahula demorou um pouco mais que a de hábito; em espírito, ele se reuniu aos milhões de budistas que celebravam mundo afora a festa de Vesak. Os outros concorrentes logo se deitaram. Salvo o rabino. Ele reconsiderou sua apresentação da tarde sob diversos ângulos: lamentou a omissão de vários argumentos importantes. Naquela noite ele se sentia particularmente sozinho. A lembrança do contato com o corpo de Amina, na véspera, fê-lo estremecer, e a presença dela no quarto contíguo tornou-se-lhe insuportável. Para se acalmar, saiu para passear no parque. No quarto de sua vizinha, a luz ainda estava acesa. O rabino pensou ter visto a silhueta da jovem escondida atrás da cortina. Como se ela o espreitasse. Como se ela o esperasse. Dominado por suas emoções, David não se deu conta de que um policial à paisana o seguia, observando seus mínimos gestos. Voltando ao quarto, a mão do rabino acariciou a porta de Amina. O chefe da polícia foi avisado disso imediatamente.

A EXPOSIÇÃO DO CRISTÃO

Depois da refeição matinal, todos se dirigiram ao salão. A revista dos participantes retardou o início do debate. O Sábio lembrou a todos qual seria o programa do dia e deu a palavra ao doutor Clément. Quando se ergueu, este se surpreendeu ao constatar que o público era menos numeroso que o da véspera. Segundo os observadores, ele iria ler mais tarde, e essa baixa estava ligada ao fato de que muitos habitantes do Reino, dado o passado cultural e religioso do país, já se julgavam conhecedores do cristianismo. Por isso, eles não sentiam necessidade de dedicar seu tempo a essa nova e última exposição. A assembléia desfalcada perturbou Christian Clément. Sempre inseguro de si mesmo, ele viu nisso um julgamento desfavorável de sua pessoa. Por isso rogou, em seu íntimo, ardentemente, que Deus o inspirasse.

— Majestade, senhoras e senhores, não sei se é uma vantagem ou um inconveniente ser o último a tomar a palavra. Muitos de vós deveis estar saturados com todas essas belas idéias já apresentadas para nossa meditação. Espero que tenha sobrado um pequeno espaço para acolher o que tenho a partilhar convosco.

Na entonação de voz e na postura do cristão havia uma fragilidade evidente que irritava alguns e fascinava outros.

Um caminho marcado pela cruz

— Permiti-me, como ao xeque Ali ben Ahmed, começar contando-vos alguns episódios de minha vida. A franqueza das diferentes contribuições me encoraja também a usar uma linguagem mais pessoal.

E iniciou sua exposição: — Nasci na Suíça, numa família abastada. Meu pai se dizia protestante, sem participar da vida de uma Igreja, e minha mãe é católica fervorosa. Na minha juventude, vários dramas perturbaram minha vida... A pausa do doutor Clément foi plena de profundidade e de tristeza.

— De forma brutal, meu pai perdeu seu emprego... e durante anos ficou desempregado. Para ser mais preciso, ele se *perdeu* por causa do desemprego. Num país em que o valor de um indivíduo se mede por sua "produção" social, o sofrimento de meu pai era terrível. Pouco a pouco, ele se tornou alcoólatra e nossa vida familiar, até então superficialmente harmoniosa, se transformou num inferno. Meus pais não paravam de brigar. Meu pai se vingou... enganando minha mãe. Nós nos sentíamos impotentes. Cresceu em mim uma raiva contra meu pai, contra a sociedade que lhe recusava trabalho, contra os estrangeiros que, em nosso país, o tinham. Através de amigos, descobri uma associação de nacionalistas que defendiam idéias neonazistas; suas idéias eram como um bálsamo para meu coração dilacerado. Mais tarde, puseram-me em contato com grupos que praticavam o ocultismo e a magia. Nós nos encontrávamos debaixo do maior segredo para reunir forças e para neutralizar aqueles que se opunham a nós. Certa vez, invocamos o diabo; ocorreram fatos sobrenaturais que ainda hoje não sei explicar. Ficamos fascinados e... traumatizados. Havia em mim, ao mesmo tempo, uma gana de viver e idéias cada vez mais suicidas.

— Minha mãe — continuou o doutor —, mortificada em sua vida conjugal e familiar, percebia nossas tendências. Surpreendentemente, ela não perdeu sua fé em Deus e continuou a rezar por nós. Um dia, encontrei um cristão de uma Igreja protestante independente. Ele me falou de Jesus, que pode nos "salvar", nos libertar de nossos ódios e nos oferecer uma "vida nova". Sem ao menos saber por quê, eu odiava as Igrejas e suas mensagens. De seu Jesus, eu nem queria ouvir falar; entretanto, aceitei o Novo Testamento que ele me deu. Vários meses mais tarde, quando eu já estava chegando ao mais fundo desespero, uma palavra desse jovem me veio à memória. Jesus teria dito: "Pedi e se vos dará. Buscai e achareis. Batei e abrir-se-vos-á. Porque todo aquele que pede recebe. Quem busca acha. A quem bate, abrir-se-á. Quem dentre vós dará uma pedra a seu filho, se este lhe pedir pão? E se lhe pedir um peixe, dar-lhe-á uma serpente? Se vós, pois, que sois maus, sabeis dar boas coisas a vossos filhos, quanto mais vosso Pai celeste dará boas coisas aos que lhe pedirem" (Mateus 7,7-11).

Seguiu Clément: — Como acreditar que um Pai celeste podia ser bom para comigo, quando meu pai terreno tinha chegado a tamanha decadência? O pior que pode acontecer a um jovem é perder a estima pelos pais. Eu estava encurralado: ou me suicidava ou recorria a essa ajuda. Com pouca fé, orei a esse Deus desconhecido "em nome de Jesus", como o cristão me havia ensinado. Não aconteceu nada de imediato e me senti quase aliviado com isso. Mas durante as semanas que se seguiram dei-me conta de que alguma coisa havia mudado. Como se tivesse surgido uma luzinha na escuridão em que vivia. Um dia, fui dominado por uma visão. Vi-me numa prisão sombria, gotejante e úmida, com cheiro de mofo. Um homem cheio de luz atravessou as grades e colocou uma velinha na minha cela. Tomando-me nos braços, abraçou-me e disse-me: "Sou a luz do mundo". Ao lado da vela, ele colocou uma pequena chave e desapareceu. Compreendi que aquela chave era a de minha prisão. Durante semanas, fiquei como paralisado: não queria sair dali. Ou talvez não tivesse forças para isso. Uma voz velhaca me sussurrava sem cessar: "Estás perdido..." E ao mesmo tempo eu sabia que me haviam dado uma chave.

— Não quero abusar da vossa paciência — prosseguiu. — Sabei que me pus a freqüentar a Igreja evangélica do jovem de que falei. Lá, rezaram por mim e expulsaram forças demoníacas "em nome de Jesus". Pouco a pouco, encontrei uma harmonia interior, uma lucidez e uma paz que nunca havia tido. Comecei então os meus estudos de teologia protestante. Ao longo dos anos, fui me afastando um pouco da Igreja que me acompanhara. Por quê? Eu admirava a fé de seus membros, mas a estreiteza de determinados pontos de vista se tornava difícil de suportar. Com meus estudos, ia descobrindo a complexidade do mundo, a riqueza dos textos bíblicos, as diversas facetas da história das Igrejas. Eu estava fascinado pela ortodoxia e pelo catolicismo. Fui então para Roma, para o Instituto Pontifical, preparar uma tese de doutorado sobre a história recente do ecumenismo após o Concílio Vaticano II. A certa altura, cheguei a pensar em me tornar católico. Mas como estava dividido entre várias confissões, decidi continuar protestante e trabalhar de todo coração para a unidade das Igrejas. Há quatro anos, leciono no Instituto Ecumênico de Bossey, próximo a Genebra. Como os senhores talvez saibam, esse instituto é ligado ao Conselho Ecumênico das Igrejas e procura formar os líderes ecumênicos de amanhã, sejam eles ministros ou leigos.

O doutor Clément fez uma breve pausa, como se hesitasse em prosseguir em sua exposição. Depois continuou:

— O rabino disse ontem que o cristianismo era talvez a religião da elevação. Ainda que seus primeiros discípulos fossem chamados os "adeptos da Via" (Atos 9,2), portanto do caminho, eles são com certeza aqueles que dão testemunho, em sua vida, da ação de uma potência de ressurreição, de reerguimento. Mesmo, e principalmente, quando as quedas são dolorosas...

Foi quase com um murmúrio que ele confessou:

— Quando meu filho de dois anos morreu num acidente de carro, senti-me como amputado. Até hoje, minha ferida ainda sangra. Mas a vida continua e eu sei, graças ao Cristo, que o dia dos grandes reencontros está próximo.

Ouvindo isso, Alain Tannier sentiu uma onda de emoção. Ele se lembrou da morte de sua própria filha, acontecida havia onze anos, como se tivesse ocorrido no dia anterior. Era um sofrimento indescritível. A impotência que sentira então e o silêncio de "Deus" guardavam estreita relação com seu ateísmo de hoje.

O fundador do cristianismo

— Como vos apresentar o cristianismo? Em número, é a religião mais importante da humanidade, com mais de um bilhão e meio de adeptos. Mas como me dizia um amigo, há três tipos de mentiras: as pequenas mentiras, as grandes mentiras... e as estatísticas!

A explosão de riso da assembléia foi benéfica, depois do grave testemunho do cristão.

— Os números não revelam quase nada, a não ser a extraordinária diversidade dos contextos nos quais vivem as Igrejas. O centro de gravidade do cristianismo não está mais na Europa, mas se deslocou para a América Latina, a África, e algumas partes da Ásia. A essa extensão geográfica, é preciso acrescentar a variação de tempo. Que há de comum entre os primeiros cristãos da Palestina, da Ásia Menor ou da África do Norte e todos aqueles que fizeram a história da Europa e da América? Qual o ponto comum entre esse pequeno punhado de discípulos em Jerusalém, há dois mil anos, e essas multidões coloridas dos cinco continentes que carregam com orgulho o nome de "cristãos", quer sejam eles católicos, ortodoxos ou protestantes? Para além das cortinas às vezes opacas de suas instituições humanas, terrivelmente humanas, há um coração que nos faz, a todos, palpitar. E esse coração é a pessoa de Jesus de Nazaré, que reconhecemos como o Cristo, como o Messias.

Seguiu Clément: — Enquanto os judeus e os muçulmanos se definiam em sua atitude em relação a Deus *rendendo-lhe graças* ou *submetendo-se* a ele, nós, cristãos, encontramos nossa identidade acolhendo como presente de Deus para a humanidade Jesus, seu Bem-Amado.

— Será preciso lembrar? — interrrogou o cristão. — Jesus é, em primeiro lugar, judeu. Ele viveu entre os seus no começo da era que recebeu seu nome. Desde sempre (ou teria sido pouco a pouco?) ele se reconhecia como o enviado privilegiado de Deus. Sua prece era judia, seus trajes judeus, seu ensinamento era judeu... mas tudo era potencialmente "exportável", "universalizável". O que sabemos dele se resume a pouca coisa. À parte algumas referências em historiadores como Tácito, Suetônio e Plínio o Jovem, nosso conhecimento da fé dos primeiros cristãos deve-se principalmente a fontes cristãs. Isso não deixa de suscitar questões para os céticos. O essencial de nossa compreensão vem, pois, do que chamamos "Novo Testamento", conjunto de escritos que vem completar, ratificar ou encerrar o ensinamento da Bíblia judaica, chamada, talvez erroneamente, de "Antigo Testamento": seria melhor falar de um "Primeiro Testamento". Formado de quatro Evangelhos (ou relatos da "Boa Nova") que contam de forma expressiva quem era Jesus aos olhos de seus próximos, assim como de vinte e três outros escritos, cartas ou ensinamentos, o Novo Testamento é o livro mais traduzido do mundo... Com o Primeiro Testamento, que continuamos a ler, ele forma a Bíblia cristã, cujo centro é a ação libertadora de Deus: por Israel, seu "filho primogênito" (Êxodo 4,22); por Jesus, seu Filho bem-amado (Marcos 1,11); pela Igreja, seus filhos e filhas adotivos (Gálatas 4,5).

— Mas quem seria Jesus afinal? — continuou Christian. — Esta talvez seja a pergunta mais importante que um ser humano deva se fazer. Segundo os cristãos, há algo de único nele. *Ele é o único que foi "ressuscitado" dentre os mortos*, não "reanimado", pois uma pessoa nesse estado ainda espera a morte; a "ressurreição" é a irrupção da Vida divina e eterna na condição mortal da humanidade. E Jesus é o único a ter experimentado isso. Todos os outros mensageiros de Deus, por mais interessantes e valiosos que tenham sido, acabaram no túmulo. Os outros fundadores de religião deixaram atrás de si ensinamentos inspirados e inspiradores. O próprio Jesus está Vivo neste momento em que vos falo e sua presença é fonte de ensinamentos todos os dias até o fim do mundo. Tal é pelo menos nossa mais íntima convicção. E se isso se revelasse incorreto, nossa fé seria vã (1 Coríntios 15).

Prosseguiu seu raciocínio: — Se os cristãos são tão apegados a Jesus, é porque eles descobriram em sua pessoa o mistério de Deus operando no homem e presente de maneira velada até na experiência do isolamento, do absurdo, do sofrimento e da morte. Jesus é vivido como nossa *Páscoa,* literalmente como nossa Passagem em todos os impasses. Por sua vida, suas amizades e seu abandono, sua morte e ressurreição, ele recapitulou a condição de todo homem e de toda mulher. Nele, o divino se fez humano para que o humano pudesse comungar com o divino...

Havia já algum tempo, os delegados judeu e muçulmano estavam se sentindo incomodados; o doutor Clément já percebera isso.

— Para os judeus — continuou ele — Deus se revela primeiramente pela Tora, que Moisés transmitiu, e para os muçulmanos pelo Corão, que Maomé teria recebido das mãos do arcanjo Gabriel. Para os cristãos, Deus se revela primeiramente pela pessoa do Cristo, de quem os Evangelhos são testemunhas inspiradas. O cristianismo é, pois, menos uma religião do Livro que da Pessoa.

A graça e a fé

— Outra diferença — seguiu Clément. — Enquanto as religiões se definem geralmente por um "dever fazer" ou um "fazei isto" (conjunto de preceitos a ser seguidos para agradar a Deus ou de práticas que se devem realizar visando, se possível, à libertação), o cristianismo se define em primeiro lugar como um "já feito" ou um "isto já foi feito", anúncio de tudo o que já foi realizado na pessoa de Jesus, para nós. Em sua vida, Deus nos amou primeiro; em sua morte, Deus nos condenou e perdoou; em sua ressurreição, Deus nos deu a vida eterna. E por causa desses dons, os adeptos de Cristo se tornam capazes de um "fazer", de uma prática espontânea. O valor do ser humano segundo Deus não é, pois, sua fidelidade a uma Lei ou a um método. Se assim fosse, alguns poderiam se orgulhar do valor de sua vida religiosa e desprezar os outros: "Nós somos melhores porque seguimos a Lei divina ou o Bom Caminho. Os outros são inferiores, porque não a seguem!" Segundo a fé cristã, o valor de todo ser humano está inscrito na Bondade original e ativa de Deus em relação a nós, não em façanhas ou inépcias espirituais. De certo modo, o cristianismo é a anti-religião. Como dizia o teólogo Paul Tillich: "A fé é aceitar e ser aceito".

Continuou sua apresentação: — Deus não se deixa lisonjear por nossa piedade tão imperfeita e tão inconstante. Ele é soberanamente livre. E em sua real liberdade, se colocou perto de nós. Majestosamente próximo. Ouçam este texto soberbo de Santo Agostinho, que fala de seu júbilo por ser amado: "Tarde te amei, Beleza tão antiga e tão nova, tarde eu te amei. É que estavas dentro de mim, e eu estava fora de mim! E era aí que eu te buscava; minha feiúra se projetava sobre tudo o que fizeste de belo. Tu estavas comigo e eu não estava contigo. O que me retinha longe de ti eram coisas que não existiriam, se não estivessem em ti. Tu me chamaste, tu gritaste e venceste minha surdez; tu brilhaste, e teu esplendor pôs em fuga minha cegueira; tu espalhaste teu perfume, eu o aspirei e suspiro por ti; eu te provei e tenho fome e sede de ti; tu me tocaste, e eu ardo de desejo de tua paz".

Christian Clément fechou os olhos e um largo sorriso iluminou seu rosto. Como se fruísse, em si mesmo, de uma fonte de alegria.

Uma orientação fundamental

— Longe de estar condenado à passividade, o cristão tem consciência do amor de Deus por ele e de todo coração busca irradiá-lo em suas relações. Sua orientação de vida é recapitulada numa proclamação que é chamada "As Beatitudes" (as razões e as condições de uma verdadeira felicidade) e que se encontram no Sermão da montanha (Mateus 5-7). Eis como André Chouraqui traduziu a versão do Evangelho de Lucas (6,20-26):

"Avante, humilhados! Sim, o reino de Eloim é vosso!
Avante, vós que hoje tendes fome! Sim, sereis saciados!
Avante, vós que hoje chorais! Sim, havereis de rir!
Avante, quando os homens vos odeiam,
vos repelem, vos difamam
e falam de vós como de criminosos,
por causa do filho do homem!
Jubilai, nesse dia, dançai de alegria! Eis:
vossa recompensa é grande no céu! Sim, isto seus pais já fizeram contra os inspirados.
Contudo, escutai, vós ricos! Sim,
Já desfrutastes bastante!
Escutai, vós que hoje estais saciados! Sim,
ficareis famintos!
Escutai, os que hoje riem! Sim,
Cobrir-vos-eis de pesar e chorareis!
Escutai, vós que sois celebrados por todos os homens!
Sim, seus pais fizeram o mesmo com os falsos inspirados.
Mas a vós que me ouvis, eu afirmo:
Amai vossos inimigos, fazei o bem a quem vos odeia!
Bendizei os que vos maldizem, orai pelos que vos difamam!"

E completou: — O que amo em Jesus é que ele foi ao mesmo tempo um místico que cultivava sua comunhão com Deus Pai e um crítico das injustiças humanas, um mestre de verdades últimas e um terapeuta dos dilaceramentos íntimos.

Pelo tom de voz do doutor Clément, o público percebeu como o próprio delegado cristão foi tocado pelo poder de cura que cicatriza sem fazer esquecer as desgraças sofridas e que fortalece sem erradicar as fragilidades da vida.

— Nosso mundo — continuou — é ao mesmo tempo um jardim aprazível e um imenso campo de batalha. Quantos feridos à nossa volta! Há todos aqueles e todas aquelas que se sentem feios de corpo ou de coração, porque nenhum olhar amoroso os livrou do desprezo que têm por si mesmos. Há todos aqueles que se sentem isolados ou abandonados, porque nenhuma família ou comunidade lhes propiciou o sentimento de pertencer. Há todos aqueles e aquelas que são explorados e privados de seus direitos, porque aproveitadores, patrões ou especuladores sabem tirar vantagens injustas, impunemente, de um sistema econômico injusto. Mas o Cristo não é indiferente a todos esses sofrimentos, bem ao contrário. Para nós, ele quer comunicar a cura e restaurar relações felizes.

Concluiu seu raciocínio: — Cristão é, pois, toda pessoa que deixa viver o Cristo em si, para sua alegria e de seus próximos. O apóstolo Paulo escreveu: "Estou pregado à cruz de Cristo. Eu vivo mas já não sou eu, é Cristo que vive em mim. A minha vida presente na carne, eu a vivo na fé no Filho de Deus, que me amou e se entregou por mim" (Gálatas 2,19-20). No centro da vida de um cristão não há, pois, um livro, nem mesmo um homem, mas sim Deus, tal como se revelou e continua a fazê-lo, em Jesus Cristo.

Um quadro-resumo

Christian Clément levantou-se então e se dirigiu a um retroprojetor. Na transparência ele escreveu em letras maiúsculas JESUS CRISTO e completou cada uma das letras com as seguintes palavras*:

J udeu   C rucificado
E loim   H umano
S alvador   R essuscitado
U nico   I (encarnado)
S olidariedade   S anto (Espírito)
                   T ri-unidade

---

* Cristo em francês escreve-se Christ; atenção: *encarnado*, em francês, tem como inicial I (*incarné*). (N.T.)

— Como eu disse, de pleno acordo com o rabino, Jesus não pode ser bem compreendido fora do mundo *judeu*. Seu nome (Yéchoua ou Yehochoua) é judeu e quer dizer "Iavé salva". Seu Livro santo, a Tora, é judeu. Todos os seus primeiros discípulos também.

Continuou Clément: — *Eloim* (como Alá em árabe) nos lembra que Deus é o Ser que governa, legisla e julga. Mas é também e principalmente o *Salvador*, Aquele que na sua compaixão e sua misericórdia intervém na história porque entende os sofrimentos dos seres humanos. Porque Deus é *Único* e *Uno*, e é ele que deve ser ouvido e amado. Como provavelmente sabeis, Jesus resumiu toda a Lei com esses dois mandamentos do Primeiro Testamento (Deuteronômio 6,4-5 e Levítico 19,18): "O primeiro é: Ouve, ó Israel! O Senhor, nosso Deus, é o único Senhor. Amarás o Senhor, teu Deus, de todo o teu coração, de toda a tua alma, de todo o teu pensamento, de todas as tuas forças. Eis o segundo: Tu amarás teu próximo como a ti mesmo. Outro mandamento maior do que esses não existe" (Marcos 12,29-31).

Seguiu o cristão: — Uma vez que Deus é *Solidário* com os seres humanos e que ele faz Aliança conosco, somos chamados a ser solidários com ele, com os outros, com todos os outros, amigos ou inimigos, reis ou excluídos, crentes ou descrentes. Assim como Jesus foi solidário com Deus seu Pai e conosco, seus irmãos e irmãs. É por isso que cada Igreja local se torna uma família de solidariedade em comunhão com a Igreja universal, símbolo, para a humanidade, do projeto de Deus para todos.

Concluiu: — O que acabo de vos dizer não deveria melindrar um judeu ou um muçulmano. O que nos diferencia são os atributos da segunda coluna.

E ainda completou: — Segundo os Evangelhos, Jesus foi *crucificado*, o que a interpretação habitual do texto do Corão contesta. Ora, para a fé cristã, isso é fundamental. Em Jesus, Deus-Filho conheceu a morte, *como* os outros seres humanos. Ele não ficou na beatitude do céu, longe dos horrores deste mundo. Não apenas ele se tornou *homem* e conheceu a condição humana por sua *encarnação,* mas também se familiarizou com o sofrimento supremo por sua crucificação. Morto, *como* os humanos, ele o foi *por* humanos (que não queriam ouvir a condenação de seus abusos de poder) e *para* os humanos. Em sua morte, Jesus carregou e levou o mal, a doença e a morte e nos ofereceu o dom do perdão e da vida eterna.

O Bufão bocejou de forma ostensiva:

— Tudo isso é bobagem. Em que a morte de um outro pode me libertar da minha?

A morte do Cristo em parábolas

Sem se deixar perturbar pela pergunta desdenhosa do Bufão, o doutor Clément lhe respondeu com muita calma e delicadeza:

— Duas parábolas poderão servir de ilustração. Era uma vez um pássaro que se deixou capturar numa magnífica gaiola dourada. Por nada neste mundo o dono o queria libertar, e isso apesar de suas súplicas pungentes e desesperadas. Cansado, o pássaro pediu então que pelo menos seu irmão fosse avisado de sua captura. O pedido foi aceito e enviou-se uma mensagem. Mal o irmão ouviu a notícia, caiu morto, de tristeza. O mensageiro voltou então ao pássaro capturado e lhe comunicou essa má notícia. Ao ouvi-la, este também expirou de repente. Quando o malvado dono foi informado do que se passara, não viu nenhuma utilidade em conservar um pássaro morto. Mandou, pois, abrir a gaiola e se desembaraçou de sua presa. Nesse exato momento o pássaro acordou e levantou vôo. Empoleirado num alto galho, ele disse então: "Quando me disseram que meu irmão expirara, entendi que, com aquele gesto, ele me indicava o caminho da minha libertação". Só um morto se liberta do poder da cobiça. Tanto da alheia, quanto da sua própria. Para viver liberto do mal, é preciso aceitar morrer... Graças à "morte" de seu irmão, o pássaro saiu voando livre e feliz.

Continuou o doutor: — Para nós, Jesus é aquele que nos ensinou a morrer antes da morte a fim de viver a Vida futura. Morrendo para as tentações do mundo, eu deixo de ser escravo delas. Ora, Jesus fez mais que nos mostrar um caminho. Ele se tornou o nosso caminho.

A exposição do cristão   141

Prosseguiu Clément: — Escutai esta outra parábola. Um juiz bom e justo tinha um filho a quem amava acima de tudo. Um dia, alguns delinqüentes entraram na cidade, pilharam lojas e agrediram todos os que tentaram enfrentá-los; em sua loucura assassina, eles chegaram a matar transeuntes inocentes. Presos pela polícia, foram levados diante do juiz. A lei do país era clara: os delinqüentes mereciam a morte. No momento do veredicto, o filho do juiz levantou-se e disse: "Desde a mais tenra infância esses jovens nunca conheceram o amor de uma mãe ou o estímulo de um pai. Aceitai que eu seja condenado em seu lugar e adotai-os como vossos próprios filhos e filhas. Só assim sua vida mudará".

— Diante da lei de Deus, somos todos delinqüentes — completou o doutor. — Em pensamento, palavras ou atos, cobiçamos, roubamos, furtamos, maltratamos, agredimos, assassinamos. Por nós, Cristo sofreu o castigo que nos cabia. "Em verdade, ele tomou sobre si nossas enfermidades, e nossos sofrimentos: e nós o reputávamos como um castigado, como um homem ferido por Deus e humilhado. Mas foi castigado por nossos crimes, e esmagado por nossas iniqüidades: o castigo que nos salva pesou sobre ele, fomos curados graças aos seus padecimentos" (Isaías 53,4-5). Lutero disse que o maior assassino, ladrão, adúltero, escroque de todos os tempos foi... Jesus, porque ele tomou sobre si nossas faltas e nos deu em troca sua pureza, sua inocência e sua justiça.

O Bufão baixara os olhos e o público mantinha-se num silêncio expectante.

— Assim, o Cristo foi *crucificado* por nós. Mais: ele foi *ressuscitado*, a fim de que o mundo soubesse que o perdão de Deus é maior que as ofensas e que a vida de Deus é mais forte que a morte. A propósito, observastes a lua?...

O Rei e o Sábio se crisparam em seus assentos.

— Todo mês, ela desaparece de nossa vista durante três noites para reaparecer em seguida, crescendo até ficar cheia. Ela é um magnífico símbolo do Crucificado: morto por nós, ele ressuscitou e reaparecem no terceiro dia para iluminar nossas vidas. Como o Cristo, como a lua, é preciso aceitar morrer, aceitar que nos despojem de nossas cargas e de nossas cobiças, para que possamos renascer livres e radiantes.

O Rei não sabia se devia se alegrar com aquelas palavras ou, ao contrário, se desesperar, tanto lhe parecia difícil aceitar "morrer" para poder "reviver".

Christian Clément terminou sua apresentação com estas palavras:

— Celebrar o Encarnado é a festa de Natal; celebrar o Crucificado é a de Sexta-Feira Santa; celebrar o Ressuscitado é a de Páscoa. Ora, tudo isso seria impossível sem o apoio do *Espírito Santo,* celebrado durante a festa de Pentecostes. O Espírito Santo é a própria vida de Deus que vem animar o cristão e a Igreja a fim de fazer crescer a Presença de Cristo. Sua obra é nos tornar menos refratários à luz do Ressuscitado que já brilha em nós.

Prosseguiu Clément: — Se Deus Pai está além de nós e Deus Filho se aproxima de nós, o Espírito está dentro de nós e essa santa *Tri-unidade* é o mistério central da fé de todos os cristãos. No centro de tudo, há esse mistério magnífico, essa sinfonia inimitável, essa comunhão insuperável do Deus três vezes santo. E é por essa harmonia divina, feita de intimidades e de identidades respeitadas, que suspiram os corações de todos os homens que, em vão, a procuram sem Deus, num casal ou numa família, numa comunidade ou numa nação. A delicadeza e a ternura de Deus são oferecidas a todos. Mas é preciso aceitá-las, *crer* nelas, nos confiar a elas e aderir a elas com todo nosso ser.

E concluiu: — Para terminar, uma última palavra do Novo Testamento, que retoma o que ensaiei balbuciar: "De tal modo Deus amou o mundo, que lhe deu seu Filho único, para que todos que nele crêem não pereçam, mas tenham a vida eterna" (João 3,16). Agradeço-vos a atenção.

Confrontos

Durante a pausa, reinou uma atmosfera calorosa, cheia de cordialidade e de simplicidade. Pouco a pouco, os temores tinham se dissipado, dando lugar a uma alegre convivência.

A Bíblia e o Corão

O muçulmano foi o primeiro a interpelar Christian Clément:

— Entre as religiões do mundo, há duas que, de forma explícita, têm uma estima profunda pelo profeta Jesus, a quem

A exposição do cristão   143

chamamos *Isa* (paz e salvação estejam com ele). Vós, cristãos (nem é preciso dizer) estais intimamente ligados a ele. Mas ninguém deve esquecer que nós, muçulmanos, lhe reconhecemos um imenso valor. "Verbo de Deus", "Messias filho de Maria", "Servo de Deus": muitos são os títulos que lhe são atribuídos no Corão. É verdade que não queremos deificá-lo, porque isso seria uma afronta imperdoável à majestade de Alá. Deus não tem filho. Ele é Uno e Único. Devo admitir, porém, que o Novo Testamento, tal como o ledes, confere-lhe qualificações que nos são estranhas, e até nos chocam. Por isso tenho três perguntas a fazer. Primeiro, vossas escrituras são confiáveis? Alguns de vossos teólogos não demonstraram que elas são tardias? Segundo, em teologia islâmica afirmamos que Jesus anunciou a vinda de Maomé. Por que vós não falastes disso? Finalmente, como explicais que em vossa Bíblia os profetas possam ser tão imperfeitos e mesmo abandonados por Deus? Para nós, isso é impensável.

— Agradeço ao xeque por suas perguntas tão francas e tão fundamentais. A inspiração da Bíblia e do Novo Testamento constitui um tema vasto. É verdade que não possuímos o original da Bíblia, que é, permiti-me lembrar, uma vasta biblioteca. Entretanto, dispomos, ao todo, de cerca de vinte mil cópias antigas do texto. Algumas são longas e quase completas, tais como os manuscritos chamados Sinaiticus e Vaticanus; esses datam do século IV de nossa era e contêm quase toda a Bíblia, com o Primeiro Testamento na sua tradução grega. Outros são fragmentos muito mais antigos, como o papiro de Rylands, que data do começo do século II e contém alguns versículos do Evangelho de João. Só no que diz respeito ao Novo Testamento, temos cerca de cem mil variantes. Isso pode vos causar surpresa. Entretanto, as diferenças referem-se a detalhes e não mudam o sentido fundamental dos textos. Por meio de uma minuciosa comparação das diferenças, é possível reconstituir um texto muito confiável, reconhecido sem contestação por todas as Igrejas. Lembro-vos que nenhuma obra da literatura clássica, seja grega ou latina, tem tantas garantias quantas a Bíblia. Da obra de Platão, por exemplo, têm-se apenas dois manuscritos em mau estado, que datam de doze séculos depois do autor. Há pouco descobriram-se os mais antigos manuscritos conhecidos do budismo e eles datam de cinco séculos depois da morte de seu fundador...

— Em compensação, o texto do Corão é muito confiável — interrompeu o xeque.

— É verdade que vosso texto, do ponto de vista cronológico, é mais próximo daquele que Maomé recitou, ainda que os originais sobre os quais a prédica oral foi transcrita (omoplatas de camelos, pedaços de pergaminho, fragmentos de cerâmica...) se tenham perdido e que, sob o reinado do terceiro califa Uthman, tenha sido feito um trabalho de harmonização e de eliminação das variantes consideradas errôneas. Dito isso, cabe acrescentar que uma proximidade cronológica não significa inspiração e transmissão infalíveis! Posso transmitir perfeitamente as palavras de uma pessoa, mas isso não me diz nada sobre sua qualidade ou sobre a inspiração. O cristão tem a confiança de que, se Cristo ressuscitou, ele também cuidou para a boa redação e a transmissão fiel dos Evangelhos e das Epístolas que falam dele.

— Mas esse argumento não tem nenhum valor! — exclamou alguém do público. — Para acreditar que Cristo ressuscitou, vos baseais nos Evangelhos... e para acreditar no valor dos Evangelhos, pressupõe-se sua ressurreição. É um círculo vicioso!

— Ou então um círculo virtuoso! Eu não peço a ninguém que acredite de maneira cega no conteúdo do Novo Testamento. Mas pela descoberta desses textos e de seus autores, cada um de nós pode ou não confiar neles. Para nós, cristãos, os textos da Bíblia nasceram de uma interação de Deus e de autores muito diferentes. Consideramos também que a Revelação se opera menos em determinado texto que nas novas relações com Deus e seu próximo. As Escrituras sagradas são antes de tudo testemunhos inspirados e interpretações confiáveis do que Deus operou e deseja ainda operar, do que seu povo experimentou e que nós também podemos descobrir. Lembro-vos que a Bíblia é, com certeza, dentre os textos sagrados da humanidade, o que mais foi objeto de crítica da razão humana, e isto da parte de *crentes* e *descrentes,* e que apesar disso, ou graças a isso, continua digno de confiança. Admito, porém, que nem todos são dessa opinião. Alain Tannier pensou em intervir, mas conteve-se.

— Quanto ao anúncio de Maomé na Bíblia, é uma questão polêmica muito antiga. No original grego dos Evangelhos, diz-se que Jesus anunciou a vinda, depois dele, de um *paraklētos*, isto é, de um consolador, de um assistente. Ora, Maomé, em árabe, tem o sentido de "aquele que é louvado" e, traduzido para o grego, pode resultar no termo *periklytos*. De passagem, que me seja permitido exprimir minha profunda admiração pelo Profeta do Islã, porque as primeiras palavras do Corão, depois da invocação, são, justamente: *Louvor* a Alá, em árabe: "*el hamd(ou)lillah*", creio. Com isso Maomé reconhece que o louvor se deve, em primeiro lugar, não a ele próprio, mas a Deus. Mas para voltar à sua pergunta, a proximidade das duas palavras em grego pode ter levado alguns muçulmanos a acreditar que os cristãos teriam transformado o *periklytos* supostamente original em *paraklētos;* e isso para não reconhecer o anúncio de Maomé por Jesus. Contudo, se lemos todo o Novo Testamento, e mesmo toda a Bíblia, a promessa e a vinda de um Espírito consolador são evidentes. Dito isso, não creio que nos seja possível encerrar esse amplo debate hoje!

Ali ben Ahmed, com efeito, ficou descontente.

— Enfim — continuou o cristão —, para voltar à sua última pergunta, aí temos uma outra diferença fundamental. Para nós, cristãos, Deus não liberta espontaneamente do sofrimento seus enviados, nem os purifica automaticamente de seus pecados. Muitos profetas da Bíblia são apresentados com seus inúmeros defeitos. E nisso eles se parecem conosco. Se eles são exemplos para nós, não é por uma ausência de fraquezas, mas por causa da transformação operada por Deus em sua vida. A violência, o adultério, o ódio, o desânimo, tudo isso os homens da Bíblia viveram. E por causa disso eles podem nos ajudar a superar nossos próprios defeitos. Mais ainda: o próprio Deus-Filho escolheu ser fraco e frágil, rejeitado e humilhado, a fim de nos dar o exemplo de um amor que respeita o outro mesmo na recusa desse amor.

Mestre e discípulos

Com paixão, o rabino tomou a palavra:

— Respeitar o outro, mesmo em sua recusa! Que bela palavra... mas tão pouco aplicada pelas Igrejas! Ainda que Jesus fosse o Messias, eu não poderia aceitar o que seus discípulos fizeram em seu nome. Não apenas a nós, judeus, mas também aos povos indígenas da África, da América e da Ásia. E que dizer das guerras fratricidas entre os próprios cristãos! Onde está a convivência do lobo com o cordeiro profetizada por Isaías? Na espera da paz e da justiça, eu prefiro ainda esperar o Messias...

Christian Clément compreendeu que a violenta reação do rabino escondia feridas abertas que nenhum discurso humano poderia curar. Vencendo suas hesitações para sair do silêncio, única atitude adequada face a uma dor por demais grande, ele disse:

— Entre Jesus e seus discípulos, O Evangelho e as Igrejas, há por vezes um abismo que é nossa vergonha. Notai que digo *nossa* vergonha porque, como cristão, não posso nem quero me desvincular desse povo. Ao contrário, temos a aprender com nossos revezes. Como nossos textos inspirados, mas mal interpretados, podem gerar comportamentos inaceitáveis? Por que as instituições eclesiásticas, quando acedem ao poder político, tendem a perverter sua mensagem? Como a perspectiva do inferno, entendida como o sofrimento supremo, pôde justificar, da parte das Igrejas, violências inaceitáveis (cometidas por "amor"!), e tudo isso a fim de que as feiticeiras, os heréticos, os infiéis e os descrentes escapassem da violência no futuro? Esse longo trabalho para reler nossa história, não acabado, é minha resposta à vossa justa indignação. Ele não reparará jamais o mal cometido mas quem sabe impedirá que ele se reproduza...

Christian Clément sabia muito bem que o cristianismo não tinha o monopólio dos erros e dos horrores. Ele chegou a ter vontade de perguntar ao rabino como este via a aplicação dos valores judeus na terra de Israel depois que seu povo recuperara o poder e a gestão de um Estado. Mas ele se conteve. Ainda havia muitas traves nos olhos das Igrejas para que elas se dessem ao luxo de apontar palhas nos olhos de seus parceiros.

Deus e o sofrimento

Mestre Rahula pediu a palavra:

— A compaixão e o respeito pelo outro são valores que nós budistas também procuramos colocar em prática. Entretanto, não compreendo o que quisestes dizer ao evocar a fragilidade e mesmo a humilhação de "Deus". Como a Realidade suprema poderia sofrer?

— Os cristãos não consideram que a ausência de sofrimento seja o valor supremo do universo. Visto que Deus é Amor, como nos diz o apóstolo João (1 João 4,8), e que seu Amor é tal que não se impõe mas se propõe, então este Amor é inseparável da possibilidade de uma rejeição. Ainda hoje, Deus sofre vendo os sofrimentos dos seres humanos. Que digo? Não apenas ele vê nossas chagas, mas se identifica com elas. Deus é morto em cada uma das matanças humanas. Segundo uma parábola bem conhecida, Jesus afirmou que era solidário com os famintos, os sedentos, os estrangeiros, os despossuídos, os doentes, os prisioneiros (Mateus 25,31-46). Acredito que ele estava presente nos supliciados de Treblinka e de Auschwitz, nas crianças africanas mutiladas e assassinadas de que Alain Tannier nos falou, nos massacrados do Camboja, do Sudão, da ex-Iugoslávia, de Ruanda e de tantos outros países ainda... Pensando em todos esses humilhados, parece-me que poderíamos continuar a famosa oração "Pai Nosso, que estais no céu" com "Amigo Nosso, que estás no coração dos humilhados":

"Amigo Nosso que estais no coração dos humilhados,
Que seus nomes sejam bem amados,
Venha a nós a vossa justiça,
Seja feita a vossa vontade neles como em Deus,
Nossa coragem cotidiana nos dai hoje,
Perdoai nossa indiferença, assim como nós perdoamos também suas fraquezas,
E não nos deixeis cair na resignação,
Mas livrai-nos da desgraça,
Porque é de vós que recebemos
A justiça, o trabalho e a alegria,
Agora e sempre, por todos os séculos dos séculos
Amém."

Espontaneamente, uma parte do público aplaudiu e uma outra vaiou. Christian Clément descobriu por experiência própria que qualquer modificação de um hábito religioso pode ser recebida com alegria ou com desprezo, ser interpretada como a liberdade do Espírito ou como uma blasfêmia contra o que já existe.

O único e o plural

O *swami* Krishnananda levantou-se nobremente. A multidão fez silêncio.

— A maioria dos judeus e dos muçulmanos não pode tolerar a idéia da Encarnação, que Deus possa habitar um ser humano. Para os hindus, Deus está presente em toda parte, em todo o universo, em todo ser. Que ele tenha habitado o homem Jesus, nada tem de estranho para nós.

Prosseguiu o *swami*: — Também nós o consideramos como um mestre que realizou em si a presença do Infinito. O que nos choca no cristianismo é sua recusa da pluralidade e sua insistência na unicidade. Enquanto os cristãos afirmam que Deus só encarnou em Jesus, nós afirmamos que ele não cessa de se exprimir em todos os seres; enquanto os cristãos consideram que ao homem só é dada uma única existência, estamos convencidos de que seu périplo se desenvolve em múltiplas vidas e renascimentos; enquanto os cristãos julgam que este mundo é único, nós acreditamos que ele constitui apenas uma etapa de um ciclo interminável; enquanto os cristãos afirmam que só Jesus nos salva, estamos convencidos de que os caminhos da salvação são extraordinariamente múltiplos. De onde vem, afinal, vossa insistência quase exclusiva sobre o único?

O doutor Clément observou então, no auditório, o jovem que, anteriormente, havia interrompido o debate para afirmar veementemente que a salvação está somente em Jesus. Ele apertava nas mãos crispadas uma grossa Bíblia, como outros seguram seu fuzil de caça. Ele se lembrou com tristeza da violência com que cristãos puristas o haviam tratado ao chamá-lo de "falso doutor", porque havia tentado convencê-los, numa conferência, de como o "diálogo inter-religioso", sem confusões nem exclusões, era importante nos dias de hoje.

— Na Bíblia, assim como provavelmente em toda tradição religiosa, há ensinamentos de tipo universalista que reconhecem a presença de Deus fora de qualquer fronteira e ensinamentos de tipo particularista, que confessam com clareza a ação de Deus em lugares privilegiados. Dependendo das Igrejas, das pessoas, e da maturidade da fé, determinado ensinamento merecerá maior destaque, em detrimento de outros. Que a vida do ser humano se concentre em uma só existência na Terra e seja renovada apenas uma vez num além que nos escapa, com Deus ou sem ele, isso não é crença apenas dos cristãos: judeus e muçulmanos, em sua grande maioria, também o afirmam. Isso deriva de nossa compreensão do ser humano como síntese única de um espírito, de uma alma e de um corpo. Dado que o ser humano é um corpo animado e não uma alma encarnada que poderia reencarnar ao infinito, ele é precioso em sua unicidade e é em seu corpo que é chamado a ressuscitar. Quanto a Jesus, tendes razão de vos perguntar sobre a unicidade que lhe reconhecemos. E por quê? Só Jesus é o Salvador, o Messias, Filho de Deus? Segundo o Novo Testamento, há algo de único em sua vida, sua morte e sua ressurreição que não podemos ignorar. Eis, pois, o que tenho a dizer, ainda que isso possa chocar alguns de meus correligionários: cada um de nós é criado à imagem de Deus (Gênesis 1,26), mas o que nos diferencia de Jesus, "imagem do Deus invisível" (Colossenses 1,15), é nosso *grau de transparência*.

Continuou o doutor: — A filiação divina e até o messianismo (literalmente a unção de Deus para uma obra específica) existem parcialmente em todo ser. Mas Jesus é aquele no qual reconhecemos a maior transparência à ação do Espírito Santo. Ele é a Pessoa em quem Deus age por excelência, mas isso não significa que Deus só atue sobre ele. Ele é aquele que nos oferece o perdão divino, mas isso não significa que Deus só se tenha exprimido por meio dele. O Espírito Santo é livre para agir onde quiser e como quiser. O que professamos é que em Jesus a transparência é máxima, e visto que Deus-Filho eterno habitou nele, ele pôde nos revelar melhor Deus, seu Pai. "Aquele que me viu viu o Pai" (João 14,9). Por causa da unicidade de Jesus e de cada ser, o particular adquire para nós um valor infinito. Nós desconfiamos dos grandes sistemas e dos ciclos que diluem a importância fundamental que devemos atribuir a cada pessoa. O sábio hindu voltou a sentar-se sem dizer uma única palavra. Seu silêncio exprimia uma discordância, quem sabe uma mágoa, que o público sentiu confusamente. Christian Clément ainda estava pensando em retomar a palavra para se explicar, quando já o professor Tannier se levantara para contestá-lo. Havia uma força e uma determinação em seu olhar que ninguém deixou de notar.

O ataque do ateu

— Cá estou eu, tomando a palavra em último lugar. Eu, o Judas contemporâneo do cristianismo, o renegado, o contestador. O que eu odeio nessa religião é sua arrogância disfarçada em humildade, sua intransigência metamorfoseada em aceitação do outro. Seus teólogos não passam de camaleões; que digo? Camaleões mesquinhos e sedentos de prestígio, e sempre atrasados em relação a seu tempo. Quando o diálogo e a tolerância se tornaram valores aceitos por todo homem esclarecido, então seus escribas tiraram a poeira de seus livros de doutrinas e de moral para deles banir todos os ensinamentos fanáticos. Quando a liberação da mulher e a defesa do meio ambiente se tornaram preocupações maiores de toda pessoa responsável, então seus fariseus pararam de mencionar o que em seus textos justificava a submissão das esposas e o domínio sobre a criação. Quando defensores dos direitos dos povos se levantaram contra as injustiças sociais e políticas, então seus doutos pensadores inventaram teologias de libertação. Senhores, quando estareis *à frente* de uma luta? Quando havereis de parar de flertar com o poder para subvertê-lo e nele garantir vossos próprios interesses? Quando sereis, enfim, o que pretendeis ser, testemunhas da vida nova, interpelando traficantes de armas e donos de multinacionais, banqueiros sem ética e proxenetas sem escrúpulos? Vosso silêncio é condenável, vossas palavras incapazes de melhorar este mundo, o único que podemos conhecer à margem de vossas temerárias especulações.

Desdenhosamente, Alain Tannier sentou-se sem esperar a menor resposta à sua veemente diatribe. Mesmo o Bufão se surpreendeu com a violência de suas palavras. Depois de um

A exposição do cristão   151

interminável minuto de silêncio, o moderador perguntou a Christian Clément se ele desejava ainda se pronunciar.

Hesitando mais uma vez, ele murmurou estas palavras:
— Há o Cristo e os cristãos, a Bíblia e os teólogos, Deus e as instituições. É verdade que não se pode opô-los totalmente nem deixar de identificá-los uns aos outros. Por meio de sua cruz, o Cristo criticou radicalmente tudo que o ser humano realizou. Até em vossas críticas, senhor Tannier, ecoa a voz de nosso Senhor...

E completou: — Claro que posso responder que os cristãos nem sempre estão a reboque, mas também são promotores de importantes mudanças sociais. De Henri Dunant a Madre Teresa, passando por Albert Schweitzer, Martin Luther King, Soljenitsin e muitos outros, numerosos são os discípulos de Cristo que dedicaram sua vida ao bem de seus contemporâneos. Poderia muito bem vos dizer também que uma tradição religiosa capaz de se adaptar à evolução das sociedades em que se insere, buscando em seus textos aquilo que lhe é necessário, manifesta um dinamismo inegável. Mas tudo isso não passa de palavras, palavras que não devolvem o que foi perdido...

Esse fim enigmático perturbou Alain Tannier. A que estaria ele se referindo? À sua filha, de quem sentia tanta falta? À sua fé, que morrera havia tantos anos? Interiormente, recriminava-se por se deixar impressionar. Sua cólera havia revelado uma ferida que ele julgara curada. O filósofo então se deu conta de que havia nele uma nostalgia. Mas de quê? Desde que optara pela descrença religiosa, Alain Tannier se sentira ao mesmo tempo mais livre, mais adulto e mais só. Ninguém mais tinha o direito de se imiscuir em seus pensamentos e de decretar, em nome de Deus ou da Revelação, em que entidades inverificáveis ele devia acreditar. Ninguém mais podia propor-lhe valores éticos a aplicar. Tampouco ninguém mais, também, dava um sentido aos seus compromissos, às suas descobertas ou às suas crises. Ele tinha de assumir sozinho seus limites e o efêmero de sua vida. As "espiritualidades leigas" propostas por alguns lhe pareciam tão murchas e sem sentido quanto os encontros amorosos por computador. Fazer de conta... Que o ser humano era sagrado, fazer de conta que nascer, viver e morrer tinha um sentido, que o odor de um Deus morto ainda

pudesse ter um perfume... Alain Tannier compreendeu então que nostalgia, como um buraco negro, exauria suas forças e seus recursos. Era a *nostalgia da confiança*, nostalgia que, *sem ingenuidade religiosa*, subsiste por tudo e contra tudo.
O moderador, constatando que havia chegado a hora da refeição, decidiu encerrar a sessão. A manhã fora excepcionalmente longa e a última controvérsia exaustiva. Aliviados, todos se dirigiram à grande tenda, onde uma refeição especial os esperava.

A última refeição

Como muitos concorrentes haviam anunciado sua partida para aquela mesma noite, decidiu-se que lhes seria oferecida uma refeição festiva ao meio-dia. Todos participaram dela.
O Rei e o Sábio só falavam de lua, de morte e de uma vida nova. O Bufão, de sua parte, estava faminto demais para se deixar distrair por qualquer alimento que não fosse material. Cabe dizer também que os cozinheiros fizeram prodígios. Cardápios de muitas regiões do planeta eram servidos sob forma de bufê, respeitando-se as regras alimentares das diferentes tradições religiosas. A sutil mistura de odores e as carícias dos sabores constituíam uma alegria sensual inegável.
Quis o acaso que Alain Tannier e Christian Clément se encontrassem à mesma mesa, um ao lado do outro. Para evitar qualquer discussão, cada um deles procurou entabular uma conversa absorvente com o outro vizinho de mesa. David Halévy, de sua parte, sentia-se melancólico; não estava descontente em voltar para seu país, entretanto sentia-se como que paralisado por um vazio que se produzira em seu íntimo. Um raio de luz atraiu seu olhar; semelhante a um discreto projetor, ele iluminava os convivas que se encontravam na extremidade da mesa. David viu Amina e foi invadido por uma onda de calor. A jovem mulher não levantava os olhos e parecia comer com tristeza. Aos olhos do rabino, seu rosto parecia estar ainda mais belo. A mão de David se pôs a tremer ligeiramente. O que ele não teria dado para poder acariciar seu rosto e tocar um só fio de seus cabelos? Em sua obsessão, chegou a imaginar um estratagema: ele se levantaria para saudar o imã e então, voltando-se desajeitadamente, sua mão poderia roçar o rosto da jovem

mulher... Esforçou-se para afastar do espírito esses pensamentos estúpidos que nunca poderia pôr em prática.

— Então, que achou da exposição do cristão? — perguntou pela segunda vez Rahula ao rabino, que não o ouvira.

— Interessante — respondeu de forma lacônica David Halévy.

De fato, a figura de Jesus o intrigava. E se um dia lhe acontecesse ver, em Jesus, não um profeta judeu que se enganara ou um rabino herético que discípulos muito zelosos haviam divinizado, mas outra coisa? A pergunta do budista só veio aumentar sua confusão. Por uma fração de segundo, se imaginou numa igreja casando-se... com Amina. Ele chegou a ver uma manchete de jornal: "DIANTE DO PADRE, UM RABINO DESPOSA A FILHA DE UM IMÃ". Grotesco! A fim de mudar de idéias, David levantou-se para pegar mais comida. Muitas pessoas aproveitaram a ocasião para saudá-lo e para agradecer-lhe pela excelência de sua exposição. Quando ele finalmente conseguiu chegar ao balcão, encontrou-se lado a lado com Amina, tendo a mão a alguns centímetros da sua. Pensou em aproximar seus dedos dos da jovem, fez um leve movimento em sua direção, depois se retirou. A jovem mulher fingiu nada ter notado, dividida que estava entre a surpresa e a decepção. Precipitadamente, o rabino deixou a grande tenda e foi passear até o início da sessão da tarde.

A ARRANCADA FINAL

O momento decisivo do Torneio estava próximo. Reinava no salão uma espécie de gravidade mesclada à excitação. Que religião receberia a medalha de ouro? O futuro do país dependia das decisões que se iriam tomar.

Os rostos dos membros do júri estavam especialmente graves. Talvez alguns acentuassem ainda mais essa expressão para mostrar a todos que era sobre seus ombros que pesava a decisão final.

Mas uma resolução inesperada surpreendeu a todos. O moderador anunciou uma última prova, para a qual ninguém pudera se preparar:

— Senhoras e senhores, eis-nos quase ao final das justas. Daqui a pouco, o júri deverá se pronunciar e conheceremos os condecorados da Sabedoria e da Verdade. Mas antes de lhe dar a palavra, quero propor a nossos valentes concorrentes uma última prova. De comum acordo com o Rei, eis o que peço: que cada um dos concorrentes sintetize, em *duas palavras* e *um minuto*, o essencial de suas convicções. Será como uma arrancada final, uma prova de cem metros, a qual, não tenho dúvidas, nos ajudará a todos, e especialmente o júri, a fundamentar nossa opinião.

Um vozerio de estupefação e de excitação encheu a sala.

— Eu não terminei — continuou o Sábio. — Devem ser excluídos dessas duas palavras o nome da divindade ou da Realidade última das diversas religiões. Todos entendemos muito bem que Alá, Brahma, o tetragrama IHWH, a Tri-unidade e a Budidade sejam os respectivos centros de cada uma das tradições religiosas que nos foram apresentadas. Em duas palavras, tereis, pois, de nos apresentar o essencial do Essencial, aquilo que cada um deverá guardar de vossa exposição. A ordem de apresentação será invertida em relação à das provas. Em primeiro lugar dou, pois, a palavra ao doutor Clément.

Incomodado, este pediu para todos um tempo de reflexão de cinco minutos, pedido que foi aceito pelo Sábio. Pouco a pouco desceu um grande silêncio sobre o salão. O Rei apreciou especialmente esse tempo de concentração e, muito tempo depois de terminado o Torneio, ele gostava de recordá-lo com emoção.

— Doutor Clément, a palavra está com o senhor.

Levantando-se, este disse com determinação:

— *Graça* e *solidariedade*. Eis os dois pulmões da fé cristã. Eu poderia resumir tudo numa só palavra, "amor", mas ela é por demais usada para maravilhar. A *graça* é Deus que se inclina favoravelmente para todo ser a fim de cobrir a todos com sua alegria. A *solidariedade* é Deus que se alia definitivamente com a humanidade e a criação inteira a fim de promover relações de justiça e de ternura. Segundo os cristãos, a graça culminou em Jesus Cristo, que se solidarizou conosco até na morte e a reduziu a nada com a sua ressurreição. Cabe-nos, pois, como pessoas e como comunidades, deixar que o Espírito de Cristo se irradie sobre nós, para que essa graça e essa solidariedade se tornem visíveis e reais para nós.

Sob os aplausos do público, o cristão voltou a sentar-se.

— Rabino Halévy, por favor.

— A *santidade* e a *fidelidade* são dois dos atributos mais importantes no seio do judaísmo. "Sede santos, porque eu, o Senhor, vosso Deus, sou santo", está escrito na Tora (Levítico 19,2). Só Deus é *santo*, ele é incomparável. Separado do criado e diferente de tudo o que conhecemos, ele nos chama a estabelecer relações novas com ele e com nosso meio. Temos de santificar seu nome e nossas existências por comportamentos plenos de amor, de justiça e de fidelidade. É pelo fato de Deus ser *fiel* a suas promessas e a seu povo que nós também podemos exprimir fidelidade em nossas diferentes relações.

Furtivamente, o rabino lançou um olhar em direção a Amina e ficou perturbado com o olhar franco e sorridente da jovem mulher.

— Senhor imã, tendes a palavra.
— No Corão, a *misericórdia* e a *submissão* são duas realidades fundamentais. Alá é o *Misericordioso*. Foi ele que criou o universo e enviou seus profetas. Aos homens divididos e rebeldes, ele revelou sua unidade e sua justiça, sua beleza e seu poder. Pela *submissão* (*Islã*) isto é, a restituição amorosa de nossas vidas individuais e sociais a Deus, o mundo pode recuperar sua identidade verdadeira e original.

Quando Ali ben Ahmed se sentou com a ajuda de sua filha, os aplausos foram ainda mais intensos que para os concorrentes que o precederam. Esse homem cego e humilde se tornara especialmente caro ao público. Seria por causa de sua cegueira? Ou da ausência de toda forma de arrogância em seus discursos? Ou ainda porque Amina, sempre ao seu lado, era tão discreta e tão bela? Ainda hoje, discute-se isso no Reino.

— *Swami* Krishnananda, por favor.
— *Liberdade* e *imortalidade* constituem a essência do hinduísmo. Em nosso mundo dilacerado e dividido entre o bem e o mal, a saúde e a doença, o amor e o ódio, a vida e a morte, nossa aspiração profunda é a *liberdade*. Pela meditação, é possível, a cada um, descobrir seu Si mesmo verdadeiro, livre de todas as escravidões e além de todos os determinismos. Ora, esse Si mesmo, unido e quem sabe idêntico à Realidade suprema, é *imortal*. Pela experiência, é possível ser libertado da morte sob todas as formas e aceder ao Imortal em nós.

— Obrigado. Agora vós, mestre Rahula.
— Segundo os ensinamentos do Buda, o *desprendimento* e a *compaixão* são as maiores necessidades dos seres humanos. Por ignorância e por cobiça, sofremos porque nos apegamos àquilo que não tem consistência. Quando compreendemos a vacuidade do mundo exterior e interior, então nos *desprendemos*. Longe de nos tornarmos insensíveis aos sofrimentos dos outros, percebemos suas causas com mais clareza. Por *compaixão*, buscamos ensinar o caminho da libertação a todos os seres, até que o sofrimento desapareça por completo.

Depois dos aplausos, o moderador solicitou ainda que Alain Tannier se pronunciasse.

— Como ateu, só posso falar em meu próprio nome. *Complexidade* e *humanidade* são as duas palavras que me vêm à mente. Uma lei da *complexidade* pode ser decifrada na tortuosa evolução do universo, produto do acaso e da necessidade, de inúmeras mutações e seleções contínuas. Dos primeiros quarks surgidos há quinze milhões de anos, quando do Big Bang, às cem bilhões de células interconectadas num corpo humano, percebe-se um mesmo e longo processo de diferenciações e agrupamentos, de especializações e de simbioses. Do mais simples ao mais elaborado, do caos à ordem, da matéria à vida, a complexidade parece estar em ação e talvez continue a agir. Nossa *humanidade* é bela e frágil. Os núcleos atômicos de nossas células foram fabricados no coração das primeiras estrelas há mais de dez bilhões de anos e nossas moléculas orgânicas, na sopa atmosférica, há cerca de quatro bilhões de anos. Os primeiros homens apareceram na Terra há apenas três milhões de anos e só neste século tornamo-nos capazes de criar um arsenal nuclear que poderia destruir todos. Tributários de uma longa e misteriosa história, temos de preservar nossa humanidade das forças de autodestruição.

Muitos dos concorrentes ficaram comovidos com o discurso quase religioso de Alain Tannier, em que a "lei" de que falara se parecia estranhamente com aquilo que eles próprios chamavam de "Providência" ou "vontade divina". Mas nenhum deles quis retomar a palavra, temendo estender o programa mais que o devido e principalmente suscitar uma polêmica que pudesse ter um efeito desfavorável para si.

Houve um longo silêncio. O Sábio, em vez de cumprir sua tarefa de moderador, parecia absorvido em seus pensamentos.

Inquieto, o Bufão exclamou:

— Olé! No ritmo em que se produzem as mutações no universo, na base de milhões e de bilhões de anos, vai ser preciso esperar muito para que se produza alguma coisa de significativo! De minha parte, não tenho intenção de ficar parado aqui à espera da próxima epifania da lei da complexidade!

O Sábio pareceu nada ter entendido. De resto, ele nem escutara a observação do Bufão. Em seu íntimo, brotou uma intuição. Seu primeiro impulso foi de partilhá-la; mas resolveu, com toda razão, esperar as decisões do júri. Depois de lhe ter concedido uma meia hora para deliberar, suspendeu a sessão.

O júri se pronuncia

Os membros do júri demoraram a voltar. Pareciam contrariados, e mesmo muito nervosos. Então seu presidente tomou a palavra:

— Ó Rei, senhor moderador, e vós, dignos representantes das religiões e do ateísmo, minhas senhoras e meus senhores. Depois de uma longa deliberação do júri, cabe-me a delicada tarefa de vos transmitir nossa decisão.

Na sala, sentia-se um certo nervosismo.

— Depois de acaloradas discussões, chegamos a uma perfeita unanimidade. Ei-la: é-nos completamente impossível ser unânimes! De fato, cada concorrente recebeu um voto e não sabemos a que concorrente atribuir uma medalha de ouro. Para um membro do júri, o hinduísmo merece a palma, porque ele reconhece o Divino em toda parte. Para um outro, seria o Islã, porque ele contém a Revelação mais recente. Para um terceiro, é o judaísmo, porque ele está na origem das religiões monoteístas. Para um quarto, é o ateísmo, porque permite evitar as armadilhas das idealizações mitológicas. Para um quinto, é o budismo, porque ele é o mais tolerante e o menos violento. E para o último é o cristianismo porque, como num decatlo, é o mais completo, ainda que, por disciplina, não seja o de maior desempenho. Ó Rei, cabe a vós dar o voto de Minerva e tomar a decisão final.

Mais uma vez, uns assobiaram, desaprovando aquele gesto, outros aplaudiram, aliviados por aquela não-decisão.

O Rei, pego de surpresa pelos votos do júri, resolveu pedir a opinião do Bufão e do Sábio, antes de dar seu veredicto.

Quando o Bufão se atrapalha

O moderador temia que o Bufão provocasse um escândalo que, de forma irremediável, estragasse o final das justas. Mas, visto que o próprio Rei pedira sua opinião, era preciso dar-lhe a palavra.

A arrancada final

Com um sorriso enigmático e Heloísa nos braços, o Bufão se dirigiu à fonte:

— Há um ano, tive um sonho em que uma mão escrevia para mim: "Como o Rei e o Sábio, deves morrer", e estava assinado "Deus". Até este Torneio, sempre me chamou a atenção que a Morte, como má sorte e morbidez, se escreve com a inicial "M". Um de meus colegas bufões de outro país me enviara este resumo fulgurante das religiões:

- *O hinduísmo:* Esta "M" (morte) já chegou numa vida anterior.
- *O hinduísmo místico:* Quando estás na "M", canta "OM".
- *O budismo:* Quando a "M" acontece, será mesmo a "M"?
- *O budismo zen:* Que som faz a "M" quando acontece?
- *O budismo do Grande Veículo:* Amai aqueles que estão na "M".
- *O judaísmo:* Por que a "M" sempre acontece comigo?
- *O judaísmo religioso:* Quanto mais a "M" me acontece, mais me arrimo à minha Lei.
- *O judaísmo não-religioso:* Quanto mais a "M" me acontece, mais minha Lei não rima com nada.
- *O cristianismo:* Lá onde a "M" abunda, a paz de espírito superabunda.
- *O cristianismo protestante:* A "M" não chegará se eu trabalhar bastante.
- *O cristianismo católico:* Se a "M" me acontecer, é que a mereci.
- *O cristianismo ortodoxo:* A "M" chega por toda parte, salvo na santa liturgia.
- *O cristianismo das seitas:* Toc, toc. "A 'M' está chegando."
- *O Islã:* Aceita o que te acontece. Mesmo a "M".
- *O Islã dos violentos:* Se a "M" vier a ti, leva um refém.
- *O Islã dos poetas:* Quando estás na "M", ó homem, não a sorvas.

No salão, muitos se levantaram para vaiar o Bufão. Com a maior calma, este rasgou em mil pedaços a folha que acabara de ler.

— Quando a morte me procurar, será realmente a morte? Hoje, duvido disso, e essa dúvida me fez recuperar a fé...

O Bufão voltou ao seu lugar sob o olhar estupefato dos espectadores.

A síntese do Sábio

— E tu, ó Sábio, que tens a nos dizer? — perguntou-lhe o Rei.

— Em meu sonho, estava dito: "Como o povo, teu Rei deve morrer". E estava assinado "AYN". Quando o rabino nos disse que AYN significa "NÃO" e que é uma das designações de Deus, fiquei muito confuso. E isso tanto mais que o sonho do Rei estava assinado "ANY", que designa o "EU" divino. Desde então, compreendi que o Deus da Bíblia é ao mesmo tempo indescritível, como nos afirmam os budistas, e o "EU" supremo, como afirmam os hindus.

Ainda há pouco, ouvindo os concorrentes darem, em duas palavras, o resumo das respectivas crenças, fui ficando cada vez mais intrigado: tantas diferenças separam os crentes dos ateus, as religiões semíticas das religiões orientais; depois, como um raio que rasga o céu, tive uma espécie de revelação: na imensa diversidade das perspectivas que nos foram apresentadas, há todavia um ponto comum que as aproxima. Esqueci-me de vos dizer também que, em meu sonho, havia um *post-scriptum* mais que enigmático que dizia: "Procurai a agulha e vivereis". O xeque Ali ben Ahmed, na sua maravilhosa parábola *sufi*, deu-nos a chave da interpretação desse mistério: a agulha costura e une, ao passo que a tesoura corta e separa. Essa imagem reforça a revelação de que falei. O que há, pois, de comum, em tudo o que ouvimos durante esses quatro dias? Eu vos digo: é a dupla experiência de uma *separação* e de uma *união*. A Lei suprema do universo é o mistério do Espírito que diferencia para melhor unir e que liberta para melhor juntar. Isso é verdade para a Trindade cristã, em que o "Pai" e o "Filho" são ao mesmo tempo diferenciados e um. Isso é verdade também na lei da complexidade, em que as partículas se especializam e se agregam em unidades cada vez mais complexas. Quando os budistas evocam a vacuidade do mundo e do si mesmo, eles nos convidam a que abandonemos nossa cobiça e nossa ignorância para chegar a uma real disponibilidade. E quando eles nos ensinam a compaixão, convidam-nos a uma união sem liames com tudo o que "é". Quando os hindus nos estimulam para ir além de nossos determinismos e de nossos egoísmos, eles nos conclamam a viver livres de qualquer forma de vinculação. E quando nos estimulam a experimentar a universal e imortal Presença divina, é em uma nova forma de relação com todos os seres, animados ou não. Quando os judeus, os cristãos e os muçulmanos nos falam de Deus em sua santidade, seu amor e seu poder, eles nos convidam a não nos apegar ao mundo visível e a evitar qualquer idolatria de pessoas humanas ou de bens passageiros. E quando os judeus, os cristãos e os muçulmanos nos falam de Deus em sua unidade, que criou e amou todos os seres, eles nos convidam a viver novas relações de proximidade e de ternura. A santidade, a graça e a misericórdia, assim como a fidelidade, a solidariedade e a submissão são outras tantas razões e meios para que experimentemos uma libertação face a tudo o que nos mantém prisioneiros e uma relação de convívio com tudo o que foi criado.

No tom de voz do Sábio havia um certo júbilo. Depois, seu rosto foi assumindo, pouco a pouco, uma expressão de tristeza.

— Separação e união, unificação e diferenciação, desapego e apego, morte e ressurreição: é o próprio dinamismo do Espírito. A desgraça é que, na maioria das tradições religiosas e dos destinos humanos, esse movimento é fixo, e mesmo bloqueado. Em lugar de aprofundar essa experiência infinita, muitos crentes e não-crentes se desprendem talvez de certas coisas superficiais, mas então se ligam cegamente a uma determinada pessoa, a uma determinada comunidade, a uma determinada nação, a uma determinada teoria política ou filosófica, a um determinado preceito religioso. E, suprema armadilha, eles se tornam escravos de bens imateriais como a alegria ou a salvação, a liberdade ou a solidariedade. *Não há nada mais perigoso que um apego cristalizado.* E é em nome dessas religiosidades bloqueadas que, ainda hoje, se mata... Em nome da alegria espiritual, desprezaram alegrias humanas legítimas, e em nome da salvação massacraram os que não a queriam ou não a compreendiam. Em nome da liberdade como bem absoluto, deixam-se impunes as piores formas de violação cultural, econômica ou sexual. Em nome da solidariedade erigida em exigência social, massacraram-se todas as pessoas "alienadas" por seu espírito pretensamente "aburguesado" e "capitalista". Deus é sempre maior que nossa idéia de Deus e a realidade mais complexa que nossa experiência dessa realidade... Com essas palavras o Sábio encerrou sua fala, como se estivesse imerso no que acabara de descobrir.

A decisão do Rei

O Rei sentia orgulho de seu Sábio. Mas, na ocasião, sua brilhante síntese não tinha a mínima utilidade para ele. Nos torneios sempre há os que são condecorados e por enquanto nada fora resolvido. Ele não podia encerrar as justas decentemente, como se todo mundo tivesse perdido ou como se todo mundo tivesse ganho. Seu júri não dera conta da tarefa e o deixara só, a ele, o Rei, nessa difícil decisão. Deveria ele escolher uma religião? Em caso afirmativo, qual? Ele se lembrou então de seu sonho: "Como a lua, teu povo deve morrer", e estava assinado "ANY". Depois das intervenções do Bufão e do Sábio, ele compreendera que a morte pode ser uma passagem para uma vida mais rica, um ato de libertação que começa na vida presente e continua no além. Quanto à lua, mestre Rahula a evocou quando fez referência à festa budista do mês de maio, Ali ben Ahmed considerando-a como símbolo da vida nova, e principalmente Christian Clément, associando-a à morte e à ressurreição de Cristo.

Levantando-se então com nobreza e dignidade, o Rei pronunciou estas palavras:

— Minhas senhoras e meus senhores, bravos concorrentes, eis-nos chegados ao momento decisivo de nosso Torneio. Depois de uma indecisão da parte do júri e da síntese do Sábio, eis-me sozinho para indicar o vencedor. Ainda que a tarefa me pareça muito difícil, é preciso que eu assuma minhas funções de rei. Devo dizer que todos vós me estimulastes, interpelastes, ensinastes, maravilhastes. Quando penso no sonho que tive, há uma religião que me parece especialmente adequada, e é a religião...

O público bebia as suas palavras, os jornalistas anotavam sofregamente e muitos dos concorrentes tinham os olhos baixos.

A arrancada final

Buscando inspiração, o Rei fechou os olhos e entrou em si mesmo. Uma imagem interior dominou-o então e por alguns segundos ele se viu transportado a um universo que lhe era pouco familiar. Viu-se na catedral de seu Reino, cujo edifício agora estava sendo usado para outros fins. Do fundo da Igreja, ele viu um ministro que celebrava a liturgia. O pastor (ou seria um padre?) lia diante de um escasso auditório um texto do Apocalipse. O Rei teve vontade de sair daquele ambiente fechado, com uma atmosfera sufocante. Ele foi por assim dizer retido por uma mão invisível e ouviu o texto proclamado pelo celebrante. "Eu sou o Alfa e o Ômega, o Primeiro e o Último, o princípio e o fim. Felizes aqueles que lavam as suas vestes, para terem direito à árvore da vida e poderem entrar na cidade pelas portas" (22,13s). Nesse momento, um fiozinho de água jorrou do coro da igreja. O público, espantado, arregalou os olhos. O ministro ousou interromper a liturgia para ir observar o estranho fenômeno. Pouco a pouco o pequeno fio d'água se transformara num impressionante caudal. Todos aqueles que foram borrifados pela água se puseram a sorrir, e mesmo a rir. Eles se sentiam como refrescados por aquele rio de vida e de alegria. A água se pôs então a correr em abundância e se espalhou para fora da igreja. Das cercanias, multidões acorreram para observar esse prodígio, e foram contagiadas pela felicidade. Vendo tudo aquilo, o Rei foi tomado por um sentimento de plenitude e se alegrou com aquele entusiasmo recuperado. Ele teve vontade de gritar que a antiga religião cristã, abandonada por seu povo, merecia a medalha de ouro. Mas uma Voz interior o conteve. Absorvido por essa Presença, o Rei entrou ainda mais em si mesmo. Em seu rosto, a alegria se transformou em serenidade...

Abrindo os olhos, o Rei ficou quase surpreso de se encontrar no salão. Os olhares concentrados do público trouxeram-no de volta à realidade. Surpreendendo a si mesmo, o soberano disse então:

— ... a religião que me parece mais adequada é a religião... que vou escolher para minha vida pessoal. Como Rei, não a posso impor a todo o povo. Meu Estado deve continuar laico, para que cada um e cada uma fique livre para determinar o que lhe parece ser a Verdade essencial. *Deus, se existe, é o único que pode dar uma medalha de ouro*. Quando partirmos desta terra, com certeza poderemos saber qual o julgamento que ele faz das religiões e filosofias humanas. Proponho então conferir, dentro de quatro anos, uma *medalha de prata*, a única que nos é permitido conceder, à tradição que mais se tiver esforçado para realmente compreender e servir os fiéis das outras tradições. Ela provará assim que é capaz de sair de seu próprio círculo, de sentir em verdade o que habita seus parceiros, crentes e descrentes, e lhes fazer o bem. Esse não é o símbolo da ação do Espírito? Separação e união, abertura para o exterior e aceitação do outro. O que, naturalmente, não quer dizer aceitação sem espírito crítico das doutrinas e das práticas que os outros divulgam! Mas esse movimento de empatia e de cooperação revelará uma capacidade de ouvir, de compreender e de se solidarizar que merece recompensa. Haveremos de nos encontrar, pois, dentro de quatro anos, no mês de maio, na lua cheia, e desejo a todos os concorrentes que se rivalizem em estima mútua e que trabalhem o melhor possível pela paz. Concedo-vos também, da mesma forma que ao concorrente ateu, livre acesso à mídia e às escolas, para que possais transmitir a meu povo, sem proselitismo, o melhor de vossos ensinamentos. Cabe a ele vos escutar com discernimento e observar o vosso comportamento para que nos ajude, nas próximas justas, a conceder a medalha de prata.

O público, o júri e os concorrentes ficaram a princípio surpresos com a decisão do Rei. Contudo, alguém começou a bater palmas. Pouco a pouco toda a sala aderiu a esses aplausos, a princípio hesitantemente, depois de forma cada vez mais entusiástica.

O Rei pediu silêncio à multidão, e acrescentou:
— Minhas senhoras e meus senhores, tal é pois a decisão que julgo justa tomar. Dito isso, gostaria de saber o que o meu povo pensa. Sugiro, pois, que tudo o que se passou neste Grande Torneio seja objeto de uma publicação séria e que cada um, daqui ou de outros lugares, tenha a possibilidade de exprimir sua opinião sobre o que aqui foi dito e vivido. Indica-

A arrancada final 165

remos uma pessoa de confiança que, juntamente com o Sábio, irá redigir esse relatório e recolher vossas reflexões[1]. Uma grande alegria dominou a assembléia.

O Rei tomou a palavra mais uma vez:

— Ao final deste Torneio, só me resta agradecer aos nossos bravos concorrentes. Enquanto tantos esportistas correm em busca de uma glória efêmera, sois os atletas da eterna Beleza. Obrigado pelo exemplo de vossas vidas dedicadas a essa busca suprema e obrigado por tudo o que farão por meu povo.

Devo agradecer também ao moderador pelo trabalho tão eficiente, ao júri pela grande atenção, ao público por sua fiel participação, assim como às inúmeras pessoas que trabalharam na sombra e que fizeram que este encontro fosse bem-sucedido. Que cada um e cada uma volte para casa com uma determinação nova de se superar na busca da sabedoria e na prática da solidariedade. Bom retorno e que Deus vos proteja.

Pela última vez, tocou-se o hino do Grande Torneio. Havia muita emoção, não apenas no público, mas também entre os concorrentes, que aliás não se sentiam mais como tais.

Por mais uma carícia

Muitos eram os jornalistas e participantes que ainda queriam fazer algumas perguntas aos diferentes delegados. O Rei e

[1] Não sei se mereço essa confiança. De qualquer forma, sinto-me honrado de ter sido indicado para dar continuidade a esses torneios. Devo agradecer também a todos aqueles e aquelas que me ajudaram nessa delicada tarefa. Um grande OBRIGADO especial a minha esposa, Mireille, e a meus quatro filhos, David, Olivier, Simon e Basile, cujas perguntas e cuja vivacidade não cessam de me estimular; a Elisabeth e a Claude Hoffmann; a Marc e Alex, meus irmãos; a meus pais, Gulam e Martha; ao professor Carl-A. Keller; aos meus colegas Franck Le Vallois e Jean-Claude Basset; a Gérard e Sandra Pella; a Bernard e Claire Bolay; a Christiane Lavanchy e a Florence Clerc. Meus agradecimentos também aos estudantes, assistentes e docentes da *École polytechnique fédérale de Lausanne* que acompanharam e animaram o curso que lá ministrei sobre as relações entre ciências e religiões; a meus judeus, muçulmanos, hindus, budistas e cristãos de *Arzillier*, casa do diálogo interconfissional e inter-religioso em Lausanne; aos membros do *Dialogue interreligieux monastique*, que me acolheram fraternalmente em seus encontros; ao pessoal de *Crêt-Bérard*, próximo de Puidoux, pela sua hospitalidade e pelo ambiente de trabalho propício; à *Conférence mondiale des religions pour la paix* (WCRP) pela exemplaridade de seus encontros internacionais; à *Église évangélique réformée du canton de Vaud* e ao *Département missionnaire des Églises protestantes de Suisse romande*, por sua confiança e seu apoio a meu trabalho. Sem essa inestimável ajuda, eu não teria cumprido de esta minha tarefa (nota do autor do relatório).

o Sábio também foram muito solicitados. Até o Bufão sofreu intenso bombardeio de perguntas.

Duas horas mais tarde, o salão começava a se esvaziar. Os representantes das diferentes tradições e convicções se saudaram com grande amizade e se despediram uns dos outros, não sem antes trocar os respectivos endereços.

David Halévy ficou contente com o resultado final das justas, ainda que, como os outros, estivesse intimamente decepcionado por não ter recebido a medalha de ouro. Ele ainda não se despedira do xeque. Tendo-o encontrado na multidão, saudou-o com profundo respeito. Ao se voltar, encontrou-se face a face com Amina. A jovem mulher, sabendo que a hora da separação definitiva havia chegado, ousou olhá-lo com afeição, insistentemente. O rabino ficou perturbadíssimo. Sentindo-se protegido pela multidão satisfeita, David levantou a mão e acariciou delicadamente o rosto de Amina. Uma corrente de ternura uniu seus olhares. Em suas entranhas, o rabino sentiu como que o nascimento de um universo. De repente, essa doce implosão foi perturbada e depois afogada por uma dor aguda nas costas. O olhar do rabino se turvou e ele caiu no chão, o corpo ensangüentado. Inconsciente, já não ouvia os gritos horrorizados de Amina...

Há uma justiça

Quando acordou muitas horas mais tarde, o rabino mal podia abrir os olhos. Pouco a pouco, percebeu paredes muito brancas e um equipamento médico bastante sofisticado. Uma dor aguda entre as omoplatas fez com que seu rosto se contorcesse.

— Deus seja louvado — disse uma voz. — Você está voltando à consciência!

Voltando o rosto com dificuldade, David Halévy ficou espantado de ver Christian Clément ao pé de sua cama, o rosto aliviado e sorridente.

— Mas que estou fazendo aqui? — perguntou o rabino com dificuldade.

O doutor Clément lhe contou então tudo o que se passara depois que caiu no salão do Torneio.

— Você foi apunhalado quando se despedia da senhorita Amina.
— Mas por quê, e por quem?
— Quando a filha do imã se pôs a gritar, imediatamente vieram policiais à paisana. Você estava no chão, inconsciente e imóvel. Pensávamos que estivesse morto. Um jovem estava diante de Amina, com uma faca na mão. Ele nem tentou a fuga. A polícia agarrou-o e o levou à delegacia. Só mais tarde descobrimos sua identidade.
— Mas quem era?
— Você não vai acreditar... É o filho mais velho de Ali ben Ahmed, irmão da própria Amina. Ao que parece, quando ele viu você acariciar o rosto de sua irmã, ficou louco de raiva. Depois soubemos pela boca do próprio imã que esse filho nunca aceitou a abertura do pai a outras religiões e, principalmente, a uma interpretação aberta do Islã. Hasan detesta especialmente o judaísmo, que nem mesmo consegue distinguir do sionismo e do capitalismo americano. Quando ele viu você tocando o rosto da irmã, não pôde se controlar.
O rabino, ligeiramente confuso, baixou os olhos.
— Mas isso não é tudo...
— E que mais?
— Por causa desses acontecimentos dramáticos, a polícia pôde descobrir o agressor de Amina, ou pelo menos aquele que fingiu ser...
— Como? Quer dizer que foi ele, o próprio irmão?
— Ele confessou tudo. Por ódio aos judeus, ele queria incriminar você de uma violência infame. Em sua bagagem, a polícia descobriu um outro *kipá*, idêntico ao que você encontrou no quarto de Amina. Infelizmente para ele, sua intervenção inesperada atrapalhou tudo.
— Ora essa! — exclamou o rabino, com um sorriso malicioso nos lábios.
Em uma fração de segundo, este se transformou num ricto de dor.
— Tudo bem com você? — perguntou, preocupado, Christian Clément.
Com os olhos, o rabino respondeu que sim.

— Vou embora, agora você já sabe tudo. Você está precisando mesmo é de repouso.

Com muito esforço, o rabino pediu ao cristão que se aproximasse.

— Posso lhe confiar um segredo?

Surpreso, a princípio, com aquela pergunta, o doutor Clément respondeu afirmativamente, sem hesitar.

— Claro. Do que se trata?

— Ainda que a justiça humana quase sempre seja falha, a de Deus não é. Quando um dos meus irmãos foi gravemente ferido durante seu serviço militar, senti um profundo ódio. Eu nunca me imaginei capaz de tanto rancor. Quando da abertura do Torneio, você deve lembrar, um muçulmano começou a agredir verbalmente Alain Tannier. Logo percebi que ali estava uma oportunidade de vingança. Tinha vontade de mostrar aos muçulmanos aquilo que um judeu é capaz de fazer.

— E quando a senhorita Amina recebeu uma carta com ameaças de outro muçulmano, você resolveu desistir de qualquer ato de vingança...

— De modo algum, você não está entendendo.

Christian Clément já não estava entendendo mais nada.

— Visto que um muçulmano, com seus berros fora de hora, fizera pesar sobre toda sua comunidade uma grande carga de antipatia, era-me fácil aumentar esse peso com uma simples pena.

— Uma pena é muito leve.

— Salvo quando ela escreve uma carta com ameaças...

— A carta em árabe, foi... você?

— Sim... Mas há uma justiça. Minha pena se voltou contra mim em forma de punhal.

Nesse momento, uma enfermeira entrou no quarto, trazendo um magnífico buquê de flores.

— Posso fazer uma última pergunta? — indagou Christian Clément, os olhos brilhando de cumplicidade.

— Faça.

— Se a *justiça* de Deus se manifesta em suas costas apunhaladas pelo irmão, não é o *amor* de Deus que se exprime em vosso coração apunhalado pela irmã?

David sorriu com simplicidade e alegria.

A palavra final

Bateram à porta. O doutor Clément levantou-se para abrir. O rabino surpreendeu-se ao ver Ali ben Ahmed, acompanhado de Alain Tannier, de Rahula e de Krishnananda. No rosto do imã, com traços de excepcional nobreza, liam-se sinais de um esgotamento intenso. Durante alguns segundos, estabeleceu-se um silêncio sufocante.

— Vim saber notícias suas — disse Ali ben Ahmed com voz cansada e doce.

O rabino ficou comovido com tanta delicadeza. Que o imã pudesse manifestar uma tal empatia, estando tão abatido com o ato trágico de seu filho, impressionou cada um dos presentes.

— O melhor possível — respondeu David Halévy. — Caro xeque, tenho uma confissão a fazer...

O rabino contou mais uma vez o crime que cometera. Tateando, o imã aproximou-se dele e lhe pegou a mão. Ofereceram-lhe uma cadeira e, por longos minutos, eles ficaram juntos sem dizer uma palavra, unidos por esse gesto simples mas tão pleno de afeição. Os outros delegados não ousavam se mexer. Olhando com mais atenção os rostos do imã e do rabino, observaram que os dois choravam.

O rabino rompeu o silêncio.

— Peço-vos sinceramente perdão — murmurou ele.

A própria atitude do imã já era uma resposta. Ele não acrescentou mais nada. Depois foi sua vez de abrir o coração:

— Que meu próprio filho tenha podido cometer tal ato contra vós me aflige e me espanta. E o que vão pensar do Islã? Tanto no começo quanto no fim do Torneio, foi um muçulmano o autor da desordem. Todos aqueles e aquelas que consideram que o Islã é sinônimo de violência e de barbárie vão reforçar os seus estereótipos... Nossa presença aqui foi lamentável.

Unanimemente os outros concorrentes exprimiram sua discordância. As palavras do rabino resumiram perfeitamente as dos outros.

— Caro Ali ben Ahmed, marcastes vossa presença de forma que a todos impressionou. Mais que a qualquer um de nós, foi a vós que o público aplaudiu. E isso não engana. Graças à coragem de vossas palavras e maneira de ser, ninguém mais poderá confundir o verdadeiro Islã com os atos de violência cometidos por alguns. Extremistas que traem a essência da experiência religiosa, todas as tradições os conhecem. Em Israel, na Irlanda, na Bósnia, na Índia; mata-se também em nome do Deus dos judeus, dos cristãos e dos hindus. Claro que no cenário mundial os vossos provocam mais comentários. Mas no final deste Torneio ninguém nem poderia pensar em identificar essas violências ao islamismo autêntico, feito de humildade e de hospitalidade. Pessoalmente, se eu tivesse de entregar a medalha a alguém, seria a vós que eu o faria.

— De modo algum — respondeu com naturalidade o imã.

— Aquele que foi mais vivaz em suas palavras e mais mortificado em sua pessoa fostes vós. Indiscutivelmente, a medalha cabe a vós.

Ouvindo o imã e o rabino rivalizando-se em exprimir uma estima recíproca, os outros, emocionados, começaram a rir de alegria.

Feliz, mas cansado por causa do ferimento, David Halévy crispou-se na cama. Todos compreenderam que ele precisava de repouso. Com afeto e muita camaradagem, eles se despediram.

O rabino suspirou. Sua dor, embora viva, parecia, porém, menos violenta. Ele contemplou com profunda alegria o buquê de flores multicor que fora posto ao seu lado. De repente, notou um pequeno envelope, metido entre as flores. Apesar de sentir o corpo queimar, conseguiu pegá-lo. À leitura do bilhetinho, o rabino sentiu brotar em si uma felicidade mais fresca que a aurora.

"A maior fissura do universo
Ao amor não resistiria.
A mais dolorosa ferida da terra
Deus haverá de curar, um dia."

E estava assinado: "Amina".

Num país não muito distante

O Bufão entrou em casa, ao mesmo tempo estimulado e tranquilo. Ele acariciou a cara de Heloísa e se pôs a meditar sobre os acontecimentos que acabara de viver. Muitas imagens assaltaram sua mente. Dirigindo-se à geladeira, preparou para si uma pequena refeição, com a qual se deliciou. Depois ele passeou devagar e calmamente por seu apartamento. Sentindo-se, então, muito cansado, foi se deitar. Pensou em rezar e adormeceu em paz. Só Deus sabe o que murmurava seu coração... O Sábio brincou com seus filhos mais que de costume, antes de fazê-los dormir. Depois alegrou-se em comer face a face com a esposa. Pela primeira vez, notou um fio de prata em sua cabeleira. Também ela era tocada pelo mistério do tempo; seu rosto não tinha mais o frescor de seus vinte anos, mas a maturidade suavizara e embelezara seus traços. O Sábio sentiu, no mais fundo do seu ser, que um dia a morte os haveria de separar. Quem partiria primeiro? Seria ele? E se fosse ela? Jamais ele ousara se propor essas questões de forma tão clara. Foi tomado de pavor. Durante a refeição, eles trocaram poucas palavras. Algo estava mudando na relação deles. Naquela noite, o Sábio amou sua mulher como se aquela fosse a última vez. Com intensidade e com um estranho sentimento de liberdade. Como se lhe houvessem dado uma certeza: a morte jamais destruirá o amor; o desprendimento supremo será seguido de uma ligação indizível, infinita e gloriosa.

Naquela noite, o Rei a custo conseguiu dormir. Ele se levantou da cama e se dirigiu à sua biblioteca. Lembranças longínquas vieram-lhe à mente. Ele se reviu criança, orando com seus pais. Depois de alguns minutos, achou uma velha Bíblia empoeirada. A maratona do Torneio e a visão que acabara de ter fizeram nascer nele o desejo de reencontrar as próprias raízes. Ao acaso, abriu o Livro e leu: "O espírito do Senhor repousa sobre mim, porque o Senhor consagrou-me pela unção; enviou-me para levar a boa nova aos humildes, curar os corações doloridos, anunciar aos cativos a redenção, aos prisioneiros a liberdade, proclamar um ano de graças da parte do Senhor" (Isaías 61,1-2).

Meditando sobre essas palavras e balbuciando uma prece, o Rei foi à sacada do palácio. Uma doce luz banhava todo o seu Reino. Surpreso por essa claridade, o Rei escrutou o céu. Nuvens sombrias haviam escurecido a abóbada celeste e a própria face da lua estava coberta por um escuro véu. O Rei não compreendia de onde podia vir aquele estranho brilho. Seria um sonho? Ou a realidade mudara? E se na verdade os seus olhos estivessem como lavados, refrescados por uma estranha

fonte? Fascinado por esse mundo novo que se apresentava a ele, o Rei ficou longas horas em contemplação. Jamais seu Reino lhe parecera tão belo. Nunca, também, ele lhe parecera tão frágil e com tantas coisas por melhorar. Depois o Rei se deitou com uma alegria intensa e uma nova determinação de servir a seu povo com justiça e eqüidade. Intrigado com essa experiência, mas animado de uma profunda felicidade, ele adormeceu de manhãzinha. Sem ter elucidado a causa dessa misteriosa mudança.
Que importa? Um novo dia nascera. E talvez os próprios anjos tenham começado a cantar.

Como indicado na introdução deste relato, o Rei ficaria muito feliz em conhecer sua opinião. Eis as questões que o interessam especialmente:
• As exposições dos concorrentes foram bem representativas das religiões ou concepções de mundo expostas?
• Se você fizesse parte do júri, qual teria sido seu veredicto?
• Que achou da decisão do Rei?

Queira enviar seus comentários, reações, reflexões ao seguinte endereço, usando, no máximo, uma página padrão A4:

Sr. Shafique Keshavjee
Editora Nova Alexandria
Rua Dionísio da Costa, 141
04117-110 – São Paulo – SP

O Sábio e o Bufão me pediram também que lhes transmitissem os seus cumprimentos e desde já se alegram com a perspectiva de ler os seus comentários.

ANEXOS

- Fichas de apresentação elaboradas pela *Plateforme interreligieuse de Genebra*
- Um quadro sinótico das religiões.

BUDISMO

Fundador

Siddartha Gautama, também chamado Shakyamuni, viveu no norte da Índia entre os séculos VI e V antes de Cristo. Tendo levado uma vida principesca e depois ascética, chegou, pela meditação, ao estado de consciência suprema que fez dele o Buda, o "Desperto". Com seus sermões, ele fundou uma via distinta do hinduísmo: o *Buda-shasana,* ou ensinamento do Buda.

Texto sagrado

As escrituras antigas são divididas em três ramos: *vinaya,* regras da vida monástica, *sutra* ou sermões do Buda e *Abhidharma,* estudo de determinados pontos da doutrina. A tradição não cessou de se ampliar através dos tempos e das culturas, de forma que cada escola búdica tem sua própria coleção de textos de *sutra,* em páli, em sânscrito, em chinês e em tibetano.

Correntes

As diferentes escolas se reúnem em três correntes, que divergem em sua compreensão do Buda, sua filosofia e sua disciplina: o *Theravada* é a doutrina dos antigos, praticada em Sri Lanka e até no Vietnã; o *Mahayana* ou grande veículo, desenvolvido na China, na Coréia, no Vietnã e no Japão, principalmente com as escolas Zen e da Terra Pura; o *Vajrayana* ou veículo do diamante caracteriza a tradição tibetana.

Crenças fundamentais

Partindo das noções indianas de *karma*, retribuição dos atos, e de *samsara*, ciclo dos renascimentos e reencarnações, o ensinamento do Buda trata da ausência do si mesmo (*anatma*), a impermanência de todas as coisas (*anitya*) e o sofrimento (*dukkha*); ele desenvolve as "Quatro Verdades Nobres" sobre a universalidade do sofrimento que deriva do desejo e o caminho que conduz à sua eliminação pela "Nobre Senda Óctupla" (justeza de compreensão, o pensamento, a palavra, a ação, os meios de subsistência, o esforço, a atenção, a concentração). O *nirvana* é o estado de libertação total. A corrente mahayana enfatizou a vacuidade (*shunyata*) de toda realidade aparente e exaltou o ideal dos Bodhisattva, comprometidos com votos para libertar a humanidade.

Normas de conduta

A moral búdica (*shila*) baseia-se em dez prescrições; as cinco primeiras dizem respeito a todas as pessoas: respeito à vida, respeito à propriedade, recusa da sexualidade desordenada, respeito à verdade e abstinência de bebidas que embriagam; as cinco suplementares são reservadas aos monges. Em relação ao modelo do Bodhisattva, a tradição mahayana cita dez perfeições (*paramita*): a caridade, a moralidade, a paciência, a energia, a meditação e a sabedoria, às quais se acrescentam: o método, os votos, a resolução, o conhecimento de todos os *dharma*.

Atitude face às outras religiões

Partindo da Índia e disseminando-se pela Ásia, o ensino búdico deu mostras de grande capacidade de adaptação religiosa e cultural. Coexistindo com outras religiões, ele mostra uma tolerância sem restrições.

Preces e práticas

Vai-se ao templo para venerar e fazer uma oferenda ao Buda, representado por uma estátua, em geral rodeada de divindades secundárias. No Mahayana, cada um é chamado a se tornar Buda pela libertação de toda paixão e pela meditação que leva a uma justa percepção da realidade. Algumas escolas, como o Zen, insistem no esforço necessário (posição sentada, paradoxo intelectual, disciplina, relação com o mestre, visualização); outros, como a Terra Pura, abrem de par em par as portas do paraíso. Os monges e, em menor medida, as monjas, têm um papel importante pelo exemplo e pelo ensinamento que eles perpetuam.

Alimentação

Em princípio, os budistas se abstêm de bebidas que embriagam; muitos, principalmente os monges, são vegetarianos.

Do nascimento à morte

O budismo conhece cerimônias específicas tanto para o nascimento como para a morte, que diferem de um país para outro. A entrada no monastério, com votos provisórios ou perpétuos, é um momento importante.

Principais festas

Todos os meses, a lua cheia é celebrada com uma festa. Em *Vesak,* a tradição theravada celebra ao mesmo tempo o nascimento, a iluminação (*Bodhi*) e a extinção final (*Paranirvana*) de Gautama Buda, que a corrente mahayana festeja independentemente. *Asala* lembra a primeira prédica em Benares e *Kathina* marca o fim da retirada dos monges quando da estação das chuvas. No Mahayana, festejam-se também os mestres das diferentes escolas.

HINDUÍSMO

Fundador

O hinduísmo não tem fundador; sua origem remonta aos sábios inspirados de tribos indo-arianas estabelecidas no norte da Índia, há mais de três mil anos. O nome "hindu" aparece, em contato com os muçulmanos, no século VIII da era cristã. Desde o século XII, fala-se de *Hindou Dharma,* mas o termo clássico é *Sanatana Dharma,* a ordem eterna das coisas.

Texto sagrado

As Escrituras hindus são tão vastas quanto variadas: em primeiro lugar, há os Quatro Vedas (o saber) que se encerram com os *Upanishades* de inspiração mais filosófica; vêm em seguida as epopéias do Mahabharata, com a *Bhagavad Gita* (o Canto do Senhor Bem-Aventurado), e do Ramaiana; mais recentemente, os *Purana* (relatos antigos) e os *Dharma-Shastra* (compilação de leis).

Correntes

Conjunto de expressões religiosas sem doutrina nem prática unificadas, o hinduísmo se ramifica em três principais formas de culto às grandes divindades: *Vishnu,* protetor do mundo e guardião do *Dharma,* que se manifesta sob a forma de Krishna e de Rama; *Shiva,* destruidor e Senhor dos yogi; *Shakti,* esposa de Shiva, Deusa Mãe do tantrismo. Para seus adeptos, cada uma dessas divindades representa a totalidade do divino; o estrito monismo do Advaita Vedanta continua influente com sua insistência sobre a identidade do si mesmo (*atman*) e do Absoluto (*brahma*).

Crenças fundamentais

As diferentes escolas são concordes em alguns princípios: o respeito aos *Vedas,* a pluralidade das formas de aproximação com o divino, o ciclo da criação, preservação e dissolução do universo, a sucessão de reencarnações (*samsara*) como conseqüência das ações (*karma*) e a organização da sociedade em castas. A libertação (*moksha*) pode ser procurada por diferentes caminhos: as ações desinteressadas, o controle da mente, a sabedoria dos sistemas filosóficos e a devoção (*bhakti*) ao guru ou à divindade preferida (*Ishta Devata*).

Normas de conduta

Entre outros, o "Livro das Leis de Manu" estabelece os fundamentos da sociedade hindu, estruturada em quatro *varnas* (sacerdotes ou brâmanes, guerreiros e políticos, comerciantes, operários e servidores) e em múltiplas castas (*jati*). A vida pessoal tem também quatro etapas: o estudo, a vida familiar, o retiro na floresta e o despojamento total do *sannyasi*.

Atitude face às outras religiões

Por sua natureza, o hinduísmo reconhece a diversidade dos caminhos que levam ao Deus pessoal e, através dele, ao Absoluto insondável. Daí deriva uma grande tolerância para com diferentes expressões religiosas, tanto dentro como fora do hinduísmo. O que os hindus rejeitam é a absolutização de uma mensagem ou de uma determinada forma de culto, assim como todo proselitismo.

Preces e práticas

Seja em altar privado, pequeno templo ou grande centro de peregrinação, a cerimônia de *puja* tem lugar diante da imagem ou da estátua da divindade de sua escolha; com sininhos, insenso e luz, ela compreende uma oferenda de flores ou de alimento, assim como a recitação de preces e de um *mantra*. Os brâmanes celebram o culto três vezes por dia recitando no mais das vezes o *mantra Gayatri*: "Meditemos sobre o esplendor do Ser admirável que criou o mundo! Que ele guie nossos pensamentos para a verdade!" A corrente monista não recorre a nenhuma imagem, mas pratica a reflexão seguida de meditação.

Alimentação

Os hindus são, em quase sua totalidade, vegetarianos, especialmente os brâmanes, salvo no nordeste da Índia. Como regra geral, os hindus se abstêm sistematicamente de carne bovina.

Do nascimento à morte

Os grandes momentos da existência têm uma dimensão religiosa: dar um nome a uma criança, passar do leite materno ao alimento sólido, cingir a cintura com o cordão sagrado; tradicionalmente arranjado pelas famílias, o casamento é acompanhado de grandes cerimônias. Igualmente importantes são o ingresso na vida ascética ou monacal, assim como a cremação do corpo do defunto.

Principais festas

Makara Sankranti, solstício de inverno, festa das colheitas e da renovação do sol; *Mahashivratri*, Grande Noite de Shiva, na lua nova depois do inverno; *Holi*, festival de primavera; *Rama Navami*, nascimento de Rama, herói da epopéia do Ramaiana; *Janmashtami*, nascimento do Krishna, inspirador da Bhagavad Gita; *Ganesha-Chaturthi*, festa, no sul da Índia, de Ganesha, divindade dos comerciantes e do comércio; *Navaratri/Durga Puja-Dussera*, comemoração da luta de Rama com o rei dos Demônios e da vitória da deusa *Durga*; *Divali*, festa das luzes no outono, em geral associada à prosperidade.

ISLÃ

Fundador

Maomé, "o louvado", não é o fundador, mas o profeta do Islã, o enviado de Deus. Ele viveu em Meca de 570 a 622 da era cristã, depois até 632 em Medina. Sua emigração (hégira) marca o início do calendário muçulmano, que é lunar.

Texto sagrado

O Corão, em árabe, "a recitação", é a palavra de Deus descida sobre Maomé por intermédio do arcanjo Gabriel. Constituído de 114 suratas ou capítulos, o Corão é inimitável; ele inspira toda a vida religiosa e social dos muçulmanos.

Correntes

Desde a sucessão do Profeta, o Islã se dividiu em duas principais correntes: sunita e xiita. Os sunitas (90%) reportam-se à *suna,* a tradição do Profeta, e ao consenso da comunidade, formulado por quatro escolas jurídicas autorizadas. Divididos em várias tendências, os xiitas têm uma grande veneração por Ali e pelos descendentes do Profeta, por sua filha Fátima. O Islã tem também a orientação mística das confrarias *sufis*, preocupadas com uma aceitação íntima do Islã.

Crenças fundamentais

"Dize: 'Nós cremos em Deus, no que foi revelado a Abraão, Ismael, Isaac, Jacó, às [doze] tribos, no que foi confiado a Moisés, a Jesus, e aos profetas pelo Senhor. Não fazemos nenhuma distinção entre eles e nos submetemos a Deus'" (capítulo 2,136).

Um só Deus (em árabe, *Alá)* revela uma mesma mensagem, adaptada às circunstâncias da história, a seus profetas e enviados, o último dos quais é Maomé. Ao pacto primordial que une o conjunto da humanidade a Deus, corresponde o fim último, o julgamento de Deus que faz da vida uma prova. No caminho que leva a Deus, a Verdade, a revelação e a fé são a luz e a orientação.

Normas de conduta

A vida muçulmana segue as prescrições do Corão e o exemplo do Profeta. "Naturalmente que Deus ordena a eqüidade, a benevolência e a ajuda ao próximo. Ele proíbe a torpeza, o ato repreensível e a opressão (a injustiça)" (capítulo 16,90). E também: "A fé é adorar a Deus como se o visses, mas se não o podes ver, ele, com certeza, te vê" (Palavra do Profeta). O reconhecimento de Deus impõe a aplicação permanente da justiça para uma difusão prática da fé. O comedimento, a decência e a generosidade devem pautar as relações pessoais e sociais do muçulmano.

Atitude face às outras religiões

Respeito especial pelos "povos do Livro", principalmente os judeus e os cristãos, ainda que os muçulmanos pensem que houve alterações nas mensagens anteriores, que o Corão veio corrigir. "Pela sabedoria e a boa exortação, chama (os povos) ao caminho de teu Senhor. E discute com eles da melhor forma" (capítulo 16,125).

Orações e práticas

A prece (*salat*) pontua cinco vezes por dia a vida do crente, que se põe em contato imediato com seu Criador, sem esquecer a dimensão comunitária da prece na mesquita.

A esmola legal (*zakat*), de 2,5% da fortuna, tem valor de purificação e de justiça social.

O jejum do mês do Ramadã exige a abstenção de comida e de bebida, assim como de qualquer impulso passional, da aurora ao crepúsculo. Ele tem valor de adoração pessoal e de solidariedade comunitária para com os despossuídos.

A peregrinação à Meca (*hajj*), se possível pelo menos uma vez na vida, faz com que os muçulmanos se reúnam no lugar simbólico da Unicidade dos crentes.

Alimentação

Tudo é permitido, com exceção do porco, do álcool e de qualquer espécie de droga. Tradicionalmente, devem-se degolar os animais invocando o nome de Deus.

Do nascimento à morte

O nascimento é uma bênção de Deus. Os meninos são circuncidados na infância; a partir da puberdade, meninas e meninos observam as práticas islâmicas. O casamento é o estado normal do muçulmano; ele pratica cada ação invocando o nome e a misericórdia de Deus. Na hora da morte, ele mesmo ou alguém que lhe é próximo recita a profissão de fé.

Principais festas

A sexta-feira é o dia da prece, acompanhada da oração na mesquita.

Aid El-Fitr: a festa em que se quebra o jejum ao fim do Ramadã é um convite à vida compartilhada e à alegria.

Aid El-Adha: a festa do sacrifício, no último dia da peregrinação, é a ocasião, para os muçulmanos, de sacrificar (no mais das vezes) um carneiro, em memória do Sacrifício de Abraão.

Entre outras festas, podemos mencionar:

Achoura: os xiitas comemoram o martírio de Hussein, neto do Profeta.

Moulid: celebra o nascimento do Profeta.

Miraj: lembrança da viagem noturna do Profeta e de sua ascensão ao céu.

JUDAÍSMO

Fundador

Os três patriarcas: Abraão, Isaac e Jacó são os pais do povo de Israel. Treze séculos antes da era cristã, Moisés recebe a Tora (os cinco primeiros livros da Bíblia) no monte Sinai, depois da Relação das Dez Palavras, ou Mandamentos, a todo o povo de Israel.

Texto sagrado

A Tora tem um caráter santo. A "tradição escrita" é constituída da Tora e dos outros livros bíblicos — os Profetas e os Escritos (todos os livros da Bíblia judaica, a partir dos Salmos). Fixada na Mishna e comentada no Talmude, a "tradição oral" materializa-se em códigos (*Choulhan Aroukh*), em comentários (como o Rachi), obras teológicas e em correntes místicas (Cabala) e pietistas (Hassidismo).

Correntes

Em conseqüência da diáspora, os judeus dividiram-se em ashkenazins na Europa oriental e ocidental, e sefardins, na bacia mediterrânea. O mundo religioso judeu contemporâneo responde aos diversos anseios de seu povo por meio de duas correntes principais. A primeira (ortodoxa e tradicionalista) atém-se ao respeito do conjunto das normas da tradição escrita e oral. Para a segunda (liberal ou reformada, e conservadora), os textos da tradição continuam sendo uma referência essencial e incontornável, mais ou menos passíveis de interpretação.

Crenças fundamentais

Deus é uno e único, ele criou o universo e tudo que há nele. Ele criou o ser humano à sua "semelhança, dotando-o do livre arbítrio e dando-lhe a tarefa de aperfeiçoar a criação. Pelo dom da Tora, Deus faz aliança com seu povo. A história tem um sentido e, com a sua ação, o homem pode levá-la à sua meta: a era messiânica livre de violência e de conflitos, onde reinará a justiça para todos (ver os treze artigos de fé de Maimônides).

Normas de conduta

A vida judaica é marcada pela ligação a um Povo, a uma Terra e a uma Lei, a Tora, e seus 613 mandamentos (*mitzvot*) segundo a injunção: "Observa (os mandamentos) e ouve!" (Deuteronômio 12,28). Assim, "Tu amarás o Senhor, teu Deus, de todo coração, de toda a tua alma e de todas as tuas forças" (Deuteronômio 6,5), "Amarás o teu próximo como a ti mesmo" (Levítico 19,18), sem esquecer o estrangeiro (Levítico 19,34).

Atitude face às outras religiões

Para o judaísmo, que se opõe a toda forma de proselitismo ativo, só os sete mandamentos de Noé se aplicam aos outros povos. Fora de todo compromisso doutrinal, um certo número de judeus está aberto a uma colaboração inter-religiosa no domínio moral ou social.

Preces e práticas

O dia é marcado por três ofícios, noite, manhã e tarde, com textos tirados da Tora, dos Salmos, do Talmude e de textos mais recentes. A oração pública é feita na sinagoga com um mínimo de dez homens; muitos momentos litúrgicos acontecem dentro do lar.

Em princípio, os homens usam um solidéu (*kipá*) e, no ofício da manhã, um xale de prece (*tallit*) e os filactérios (*tefillin*). Nas sinagogas liberais, as mulheres participam dos ofícios em condições de plena igualdade.

Alimentação

Segundo a *cacherout*, as carnes permitidas são as partes dianteiras dos ruminantes de pata fendida e todas as aves de terreiro. Os peixes devem ter nadadeiras e escamas. Para evitar misturar laticínios com carne, os judeus usam dois aparelhos de mesa. Tradicionalmente, os animais devem ser abatidos ritualmente e deles deve se tirar todo o sangue.

Do nascimento à morte

Os meninos são circuncidados no oitavo dia de vida. A maioridade religiosa se dá aos 13 anos para os meninos e aos 12 anos para as meninas. O adolescente lê a Tora, reafirmando, assim, sua aceitação da Revelação.

O casamento religioso não constitui um sacramento, mas a afirmação, diante de testemunhas, da vontade do casal de juntos construírem um lar.

O enterro é feito de forma despojada e é seguido de um período de luto.

Principais festas

O *Shabat,* sétimo dia da semana, é o dia de repouso, de estudo e de meditação. A cessação de toda atividade evoca a criação do mundo e a libertação do Egito.

Festas de peregrinação

Pessach (a Páscoa): comemoração da saída do Egito e da libertação da escravidão.

Chavouot (Pentecostes): comemoração do dom da Tora no Sinai.

Sucot (Cabanas): comemoração dos quarenta anos do povo de Israel no deserto.

Festas solenes

Rosh Hashaná (Ano Novo): aniversário da criação e dia do julgamento; o homem faz um balanço de seus atos durante o ano que passou. Ele procura reparar suas faltas e pedir perdão àqueles a quem ofendeu.

Yom Kippur (Dia do Perdão): jejum de vinte e cinco horas em que o fiel, reconciliado com os outros, pede perdão a Deus e que seja inscrito no Livro da Vida.

CRISTIANISMO

Fundador

De origem judaica, Jesus de Nazaré anunciou o Reino de Deus e curou doentes no começo da era cristã. Os cristãos reconhecem nele o Cristo ou o Messias, que morreu numa cruz e ressuscitou para viver eternamente em Deus.

Texto sagrado

A Bíblia cristã compreende a Bíblia judaica (Antigo Testamento), assim como os Evangelhos e os escritos dos Apóstolos (Novo Testamento).

Correntes

Por razões históricas e teológicas, a comunidade cristã encontra-se atualmente dividida em três principais famílias: numericamente maior, a Igreja católica romana está sob a autoridade do papa e dos bispos; a comunhão das Igrejas ortodoxas dá ênfase à tradição, enquanto as diversas Igrejas que derivam da Reforma, no século XVI, insistem na importância da Bíblia. De um século para cá, assiste-se a um movimento de reaproximação ecumênica.

Crenças fundamentais

O Deus único, Criador de todas as coisas, é um Deus de amor que falou pela boca dos profetas de Israel e se revelou na pessoa de Jesus Cristo, Verbo encarnado de Deus, que veio ao mundo para libertar a humanidade do mal e da servidão. É o Deus trinitário, presente por seu Espírito de vida, que inspira os crentes. A salvação, aqui na Terra e depois da morte, é um dom ao qual os fiéis respondem com a fé, a oração e o compromisso por toda a vida.

Normas de conduta

A vida cristã é orientada pelo duplo mandamento de amor a Deus e ao próximo; ela se baseia nos Dez Mandamentos de

Deus no Sinai (Êxodo 20) e se completa com o ideal do Sermão da Montanha (Mateus 5,7): perdão das ofensas, preocupação com a verdade, prática da justiça, ajuda ao próximo (isto é, todo ser humano).

Atitude face às outras religiões

Depois de ter, por muito tempo, rejeitado os adeptos de outras religiões, atendendo à máxima: "Fora da Igreja não há salvação", uma nova abertura leva os cristãos a reconhecer a liberdade religiosa e a respeitar as riquezas espirituais das outras tradições, sem que isso signifique um sincretismo religioso.

Orações e prática

A prece cristã por excelência é o "Pai Nosso". Os fiéis encontram-se no domingo para orar e louvar a Deus, ouvir sua palavra, pela leitura e pela pregação, e também partilhar o pão e o vinho da eucaristia. Existem cerimônias religiosas durante a semana.

A piedade dos fiéis se exprime na oração pessoal, espontânea ou repetida, na leitura bíblica, na confissão privada, nos ícones, nas diferentes peregrinações e na veneração de Maria.

Cada Igreja tem seu clero, mais ou menos hierarquizado. Muitas têm religiosos e religiosas que em geral fazem votos de obediência, de pobreza e de castidade; atualmente todas elas tendem a salientar a importância dos leigos.

Alimentação

Depois de uma discussão relatada no Novo Testamento, os cristãos não têm proibições alimentares mas recomendações de temperança e de abstinência, mais respeitadas no Oriente e nos conventos do Ocidente.

Do nascimento à morte

A vida cristã começa com o batismo, em geral das crianças; ela continua com o catecismo e a confirmação. É marcada por um certo número de símbolos também chamados de "sacramentos" como o casamento na igreja, a absolvição dos pecados, a unção dos doentes, assim como a ordenação dos padres, dos pastores e dos que pertencem a ordens religiosas não-leigas. O serviço fúnebre é a entrega confiante do defunto a Deus.

Principais festas

O calendário cristão festeja todos os dias um ou vários santos; o domingo de descanso comemora a ressurreição de Jesus. O ano litúrgico começa com o Advento, que anuncia o nascimento de Jesus no *Natal*. Preparada pelos quarenta dias da Quaresma, a Semana Santa lembra a entrada de Jesus em Jerusalém no *Domingo de Ramos*, a última ceia de Jesus na *Quinta-Feira Santa*, sua crucificação na *Sexta-Feira Santa* e sua ressurreição na *Páscoa*. Há também a *Ascensão* de Jesus, seguida de *Pentecostes*, que lembra o dom do Espírito Santo aos apóstolos. Católicos e ortodoxos têm em comum a *Assunção* da Virgem Maria; os católicos celebram também o Corpus Christi dedicado ao santo sacramento, assim como o dia de *Todos os Santos* e o dia de *Finados*.

QUADRO SINÓTICO

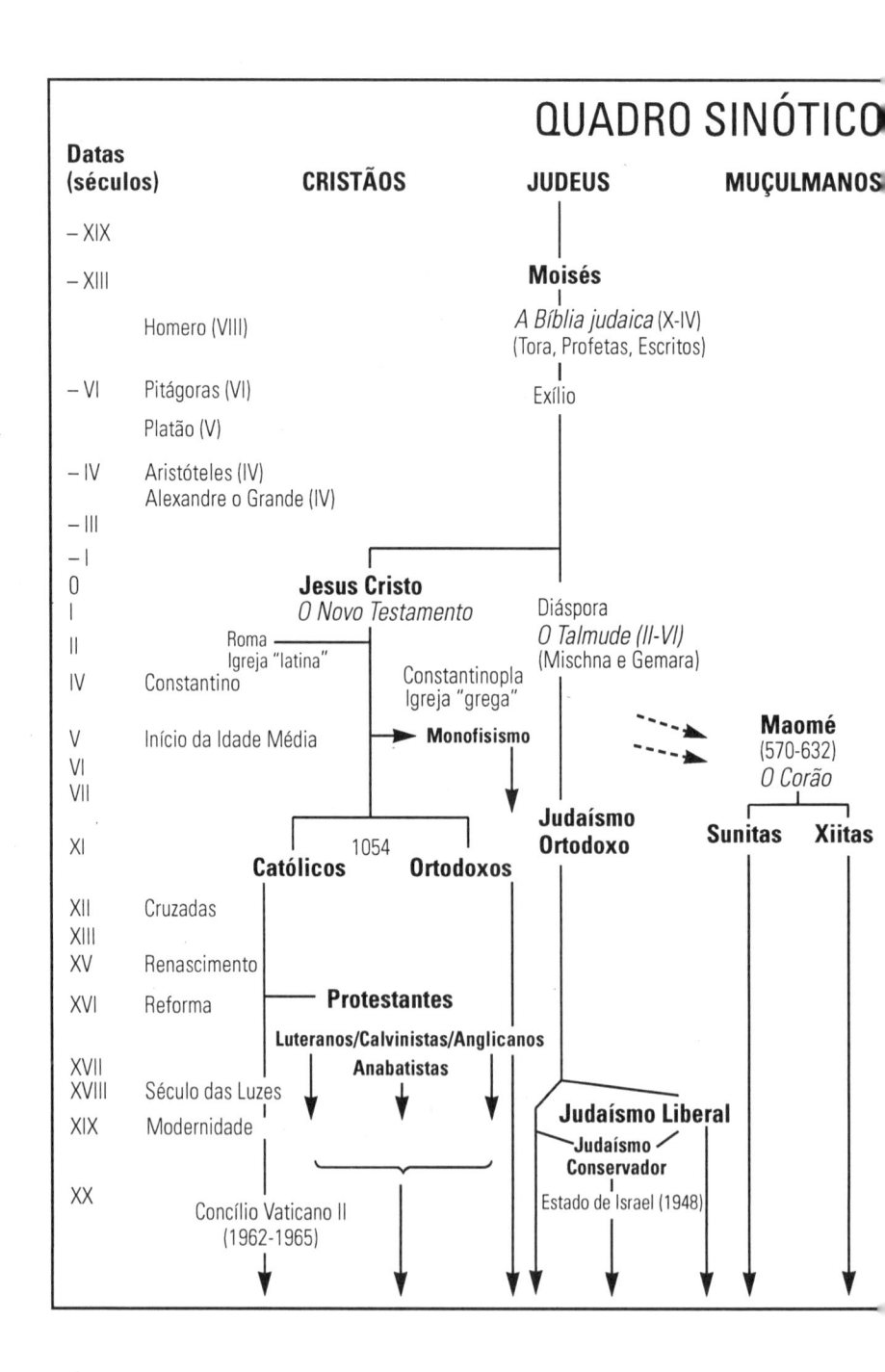

Datas (séculos)	CRISTÃOS	JUDEUS	MUÇULMANOS
– XIX			
– XIII		Moisés	
	Homero (VIII)	*A Bíblia judaica* (X-IV) (Tora, Profetas, Escritos)	
– VI	Pitágoras (VI)	Exílio	
	Platão (V)		
– IV	Aristóteles (IV)		
	Alexandre o Grande (IV)		
– III			
– I			
0			
I	**Jesus Cristo** / *O Novo Testamento*	Diáspora	
II	Roma — Igreja "latina"	*O Talmude (II-VI)* (Mischna e Gemara)	
IV	Constantino	Constantinopla Igreja "grega"	
V	Início da Idade Média	→ Monofisismo	**Maomé** (570-632) *O Corão*
VI			
VII			
XI	Católicos — 1054 — Ortodoxos	Judaísmo Ortodoxo	Sunitas / Xiitas
XII	Cruzadas		
XIII			
XV	Renascimento		
XVI	Reforma — **Protestantes**		
	Luteranos/Calvinistas/Anglicanos		
	Anabatistas		
XVII			
XVIII	Século das Luzes	**Judaísmo Liberal**	
XIX	Modernidade	Judaísmo Conservador	
XX	Concílio Vaticano II (1962-1965)	Estado de Israel (1948)	

DAS RELIGIÕES

HINDUS
Os 4 Vedas (XIX-VII)
(Rig, Yajur, Sâma, Atharva)

Os Upanishades
(VI a.C.-XIII apr.)
O Mahabarata
(IV a.C.-IV a. C.)
inclusive a Baghavad Gita
O Ramaiana (a partir do séc. III?)

O Purana (III-X?)
Vishnuvismo (Krishnaísmo)
Shivaísmo | **Shaktismo**
◄—Tantrismo

Ghandi (1869-1941)

BUDISTAS

Siddharta Gautama
ou Buda (558-468?)
O Tripitaka (VI-I)
(Vinaya, Sutra, Abhidharma)

Theravada   **Mahayana**

**Budismo da
Terra Pura**
Budismo "Zen"

---▶ **Budismo
Tântrico**
(Budismo
tibetano)

O 14º Dalai-Lama

OUTROS

Zoroastro (XVII-VI?)
Masdeísmo
O Avesta
• Vardhamana (599-526)
Jainismo
O Anga
• Confúcio (551-479)
Confucionismo
O I Ching
• Lao-Tsé
Taoísmo
O Tao-te-King

• O Xintó
O Kojiki (712)

• Guru Nanak (1469-1538)
Sikhismo
O Adi Granth

• Baha'u'llah (1817-1892)
Bahaísmo
O Kitab-i Akdas

Impressão e Acabamento
Assahi Gráfica e Editora.